전역 군인 생존 바이블

우리는 허물을 벗고 봄마다 새로운 껍질을 입는다.
계속해서 더 젊어지고, 더 커지고, 더 강해진다.

- 니체(Nietzsche, 1844~1900)

전역 군인 생존 바이블

발행일	2017년 5월 17일

지은이	황 연 태		
펴낸이	손 형 국		
펴낸곳	(주)북랩		
편집인	선일영	편집	이종무, 권혁신, 송재병, 최예은
디자인	이현수, 이정아, 김민하, 한수희	제작	박기성, 황동현, 구성우
마케팅	김회란, 박진관		
출판등록	2004. 12. 1(제2012-000051호)		
주소	서울시 금천구 가산디지털 1로 168, 우림라이온스밸리 B동 B113, 114호		
홈페이지	www.book.co.kr		
전화번호	(02)2026-5777	팩스	(02)2026-5747

ISBN	979-11-5987-562-5 03320(종이책)	979-11-5987-563-2 05320(전자책)

이 도서의 국립중앙도서관 출판예정도서목록(CIP)은 서지정보유통지원시스템 홈페이지(http://seoji.nl.go.kr)와
국가자료공동목록시스템(http://www.nl.go.kr/kolisnet)에서 이용하실 수 있습니다.
(CIP제어번호 : CIP2017011175)

(주)북랩 성공출판의 파트너

북랩 홈페이지와 패밀리 사이트에서 다양한 출판 솔루션을 만나 보세요!

홈페이지 book.co.kr   자가출판 플랫폼 해피소드 happisode.com
블로그 blog.naver.com/essaybook   원고모집 book@book.co.kr

뼛속까지 군인이었던 한 전역자의 성공 사례를 소개한다!

제대 후가 막막한 당신을 위한

전역 군인
생존 바이블

황연태 지음

북랩 book Lab

프롤로그

"군대밖에 모르는 당신,
전역 후에 무엇을 할 것인가?"

몇 해 전 전역한 선배와 함께 저녁식사를 겸하여 술자리를 가진 적이 있었다. 술잔이 몇 번 오간 후 선배는 갑자기 심각한 표정으로 담배 한 대를 꺼내 피우기 시작했다.

"아! 정말 살기 힘들다. 전역해서 사회에 나와 보니 갈 데가 없어. 딱히 오라는 데도 없고 말이야."

선배의 고충이 얼마만큼 심각한 것인지 피부에 와 닿지 않았다. 그러나 곰곰이 생각해 보니 나도 조만간 그 선배와 유사한 고민을 하게 될지도 모른다는 생각이 들었다.

군대에 간 사람이면 누구든 계급에 상관없이 100% 전역을 한다. 지금도 전역하는 군인이 매년 수만 명에 이른다. 적게는 2년부터 많게는 30년까지 다양한 계급을 가진 수많은 인원이 전역을 한다. 그들은 전역 날이 임박할수록 미래에 대한 불확실성과 취업에 대한 고민으로 인한 강박증에 시달리고 있다.

평생직장이라는 개념은 이미 사라진 지 오래다. 군대도 예외가 아니다. 계급별로 정해져 있는 근속 정년은 숙명처럼 받아들여야 하기에 평생 현역 복무라는 개념은 성립할 수 없다. 전역에 대한 근심과 걱정은 짧게는 몇 개월, 길게는 3~5년 전부터 시작된다. 군 생활은 사회 환경과는 확연히 다르기 때문에 오랜 기간 특수 환경에 익숙해져 있었던 몸과 마음은 다른 환경을 받아들이기에 거부감이 있을 수밖에 없다.

사회와 격리되다시피 생활하고 있는 군의 특성상 짧은 기간 동안 의무 복무를 하고 전역하는 병사들마저도 사회에 적응하려면 얼마간의 시간이 필요하다. 하물며 직업 군인의 경우에는 적게는 2년부터 많게는 30년이 넘는 기간을 군에서 보내게 된다. 이들이 전역을 하고 사회에 곧바로 적응한다는 것이 어쩌면 불가능해 보이기까지 한다. 특히, 하루가 멀다 하고 급격하게 변하는 오늘날 사회에서 적응하기란 더더욱 힘든 일이 아닐 수 없다.

지금 몸담고 있는 군 조직은 당신이 영원히 머물러 있을 수 있는 자리가 아니다. 매달 꼬박꼬박 받는 봉급은 평생 지급되는 것이 아니다. 어차피 시한부인 당신의 전역일에 대비해 사전에 철저히 준비를 하지 않는다면 뒤늦게 아무리 화를 내고 후회해 본들 소용이 없다. 사실 군대뿐 아니라 다른 직장도 정년이 보장되지 않는 불안정한 고용 상태에 대해서는 특별한 대책이 있어 보이지 않는다. 이러한 상황은 가장 어려운 시기에 놓여 있다고 하는 40~50대에만 국한되는 문제가 아니다. 최근에는 명예퇴직하는 사람들의 연령대도 점점 낮아지고 그 수도 점점 늘어가고 있는 추세다.

특히, 40대 무렵에 군 생활을 마감해야 하는 집안의 가장이라면 능력 없고 고개 숙인 가장으로 전락하기 쉽다. 전역 후 받는 퇴직금과 일부 저축해 놓은 돈으로는 서울에서 전셋집 하나 구하기도 힘든 것이 현실이다. 그런데 아직까지도 대부분의 사람들은 전역하기 전날까지도 간절함을 느끼지 못한다. 아니 어쩌면 무감각하다고 하는 게 옳을지도 모른다. 그냥 '어떻게든 되겠지'라는 막연한 생각만 가지고 있다. 군 복무 시절에는 '계급도 있고 내가 가진 능력에 전문성도 있는데 재취업 그쯤이야'라고 생각하겠지만 이는 현실을 도외시한 생각일 뿐이다. 실제로 현실은 그렇게 녹록지 않다.

전역 후의 사회는 그야말로 전쟁터를 방불케 한다. 물론, 사회에도 군대처럼 계급과 서열이 있고 근무 기간의 차이가 존재하기는 한다. 하지만 군 생활과 달리 사회에서는 적자생존의 치열한 생존 경쟁이 지금 이 시간에도 벌어지고 있다. 총만 안 들었을 뿐…….

청년 실업도 문제지만 은퇴자들이 재취업하기 더욱 어렵다는 건 어제오늘의 이야기가 아니다. 이는 개인의 문제를 떠나 국가적 차원의 문제이기도 하다. 의학의 발달로 100세 시대를 넘어 120세를 넘보고 있다. 일선에서는 은퇴했지만 우리에게 남은 시간은 창창하다. 그 여생을 어떻게 보내야 즐겁고 의미 있게 살아갈 수 있는가.

이 책은 1년 전 22년의 장교 생활을 마치고 전역한 사람의 생생한 증언서이자 안내서이다. 시중에 나와 있는 군 관련 서적은 군

입대를 위한 길라잡이의 형태이거나 군 생활에 대한 요령을 알려 주는 것들이 대부분을 차지하고 있어서 전역을 준비하던 본인에게는 여간 당황스러운 일이 아닐 수 없었다.

전역을 앞두고 참고할 정보가 없으니 두 발로 뛰어야 했고, 지도가 없으니 몸으로 부딪쳐야 했다. 그렇게 얻은 경험은 지금의 나를 만들어 주었다. 사회에 무사히 정착했을 뿐만 아니라, 심리학 분야의 전문인으로 뿌리내리게 되었고 강사로도 도약하게 해 주었다. 그리고 그 밑바닥부터의 경험은 이 책을 낳게 해 주었다.

전역을 준비하고 있는 모든 군인들이여!
날아가는 새는 뒤를 돌아보지 않는다. 아니 돌아볼 수 없다. 당신은 군대라는 울타리를 벗어난 새이다. 전역이 코앞이고 미래는 창공처럼 펼쳐져 있다. 전역 후가 축제일지, 숙제일지는 앞날에 대한 비전, 그리고 단호한 결단과 행동력에 달려 있는 것이다.

지금 이 책을 펼쳤다면 다시는 과거 모습에 연연하지 말자고 차돌처럼 단단히 다짐하자. 앞으로 나는 군대밖에 몰랐던 당신이, 군대라는 보호막 없이 생존해 나갈 수 있는 방법을 들려줄 것이다. 때로는 친절히, 때로는 냉철하게 지적해 줄 것이다. 군대가 아닌 사회에서, 충성이 아닌 생존을 위해 몸부림쳐야 하는 당신에게 이 책이 훌륭한 생존 바이블이 되어 줄 것이라 확신한다. 내가 이미 그

것을 중명했으니까 말이다.

지금부터 생존자가 알려주는 생존 방식을 하나씩 하나씩 들어보기로 하자. 약속하건대 전역 후 나와 가족을 책임질 무기와 나침반, 그리고 지도 하나씩을 얻게 될 것이다. 자, 이제 군대 밖으로 행군하자.

전역 준비
사전 테스트

　　본 진단지는 전역 예정자가 약식으로 자체 점검을 통해 스스로 전역 준비를 얼마나 하고 있는지 살펴봄으로써 진로 탐색 및 재취업 가능 여부를 미리 점검해 볼 수 있도록 만들었다. 자가진단인 관계로 실제 심사 결과와는 차이가 날 수 있으니 이 점 유의하여 참고용으로만 활용하여 주기 바란다.

다음 문항에 '예' 또는 '아니오'로 체크 하세요.

　　1. 나는 중·장기 이상 복무자이(였)다.　　　　　　　　　(예/아니오)

　　2. 나는 5년 이내에 전역 대상일 수 있다.　　　　　　　(예/아니오)

　　3. 나는 향후 2~3년 내 전역 가능성이 있다.　　　　　　(예/아니오)

　　4. 알고 있는 전역 지원 및 취업 사이트가 세 개 이하이다.　(예/아니오)

　　5. 나는 전역 후 진로에 대해 진지하게 생각해 본 적이 없다.　(예/아니오)

　　6. 전역을 대비해 공부하고 있는 것이 없다.　　　　　　(예/아니오)

　　7. 전직 지원 체계에 대해 잘 알고 있지 않다.　　　　　(예/아니오)

　　8. 나만의 특별한 기술을 가지고 있다.　　　　　　　　(예/아니오)

　　9. 계획적이기보다는 즉흥적으로 일을 판단하는 편이다.　(예/아니오)

10. 새로운 것에 대한 모험과 도전보다는 안정성을 추구하는 편이다.

(예/아니오)

11. 전역 후 진로나 취업과 관련하여 상담할 사람이 세 명 이하이다.

(예/아니오)

1~5번 항목은 개인적인 사항, 6~11번 항목은 사회성 여부를 진단하는 것으로서, 11개 항목 중 5개 항목 이상이 '예'에 해당할 경우에는 전역 후에 대한 체계적이고 계획적인 전역 준비와 자신에게 적합한 진로 설계가 이루어져야 한다.

'예' 2개 이내 - 잘 준비하고 있는 중이지만 이 책은 꼭 참고하라.

'예' 3~5개 - 지금 준비가 필요하다. 이 책을 토대로 도약의 힌트를 얻어라.

'예' 5개 이상 - 무척 심각한 상태이다. 지금부터 무조건 이 책을 정독, 실천하라.

목차

고정관념을 깨 버릴 때

선승구전(先勝求戰)
"승자는 이겨 놓고 싸우고, 패자는 싸우며 이기려 한다."
"이겨 놓고 싸워라."

- 『손자병법』

대한민국 군인으로 살아가기

　군인 하면 무엇이 떠오르는가?

　군대는 국가를 유지해 나가기 위한 필수불가결의 요소다. 군인은 군대의 구성원으로서 전쟁이 발발했을 때 국민의 생명과 재산을 지키는 사람들이다. 더욱이 국민의 의무 중 하나로 헌법에 명시된 것이 국방의 의무이니만큼, 군대라는 것은 대한민국 남자라면 국가에 대한 사명을 다하기 위해 거쳐 가야 할 통과의례가 되었다.

　하지만 우리 사회에서 군인에 대한 인식은 어떠한가? 대한민국의 징병 제도 하에서는 건장한 청년 남성이라면, 특별한 사유가 없다면 대부분 군대에 가야 하며, 어르신들은 철이 덜 든 사람들을 볼 때마다 "군대를 갔다 와야 정신을 차릴 것 같다"라고들 한다. 호칭도 그렇다. '군인 아저씨'라고 불러 주면 감지덕지고, '군바리'라고 부르는 게 다반사이다. 실제 전쟁이 터졌을 때 자신들을 보호해 줄 이들을 이런 식으로 무시하고 경멸해도 되는 것인지……. 더 심각한 상황은 군인 스스로도 '군바리'라는 명칭으로 자신을 표현하며 스스로를 비하시키고 만다는 것이다.

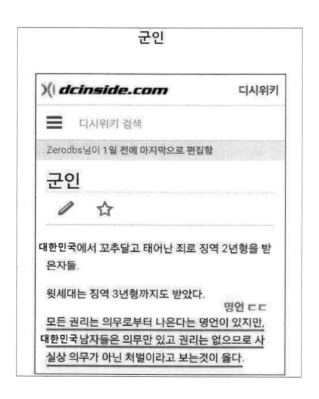

그러면 인터넷에서 네티즌들이 인식하는 군인에 대한 느낌은 어떠한가? 인터넷에서 쉽게 찾은, 군인의 정의를 내린 위의 예만 보더라도 실제 대한민국 사회에서는 군인을 별로 반기지 않는 것이 현실인 듯하다. 군인은 술도 마음대로 못 마시고, 아파도 아무 때나

진료도 못 받고, 마음 놓고 쉬지도 못하며, 위아래로 압박을 당하는 불쌍한 존재'로 인식된다.

이런 상황에서 대한민국 군인이라는 자긍심이 드러나기는 힘들다. '군무(軍務)'에 임하는 마음가짐에도 분명히 큰 차이가 있을 수밖에 없다. 자신의 목숨을 걸고 다른 사람을 위해 근무한 사람은 당연히 존경과 신뢰를 받을 만하다. 군인들이 헌신과 희생정신을 가지고 국민의 재산과 생명을 보호해 주기 때문에 후방에서는 자유를 누리고, 자신의 생업에 종사하면서 사회 발전과 번영을 위해 노력할 수 있는 것이다. 그렇기 때문에 군인에게 힘찬 격려와 박수를 보내 줘야 하는 게 당연한데도 현실은 그렇지 못하다.

개개인의 군인에 대해서는 '나라를 위해 고생하는 청년'으로 여기며 그리 나쁘게 생각하지 않는다. 푸른 제복을 입은 군인이 멋있어 보인다는 사람도 있다. 그러나 현실은 군대에 대해서 심히 부정적이다.

군필자들 간의 술자리에서 흔히 나오는 레퍼토리가 군대 이야기이다. 제대한 지 몇십 년이 흐른 뒤이지만 당시의 생생한 기억을 금방 떠올린다. 다른 기억은 생각해 내는 데 오랜 시간이 걸리지만 신기하게도 군 시절의 기억은 바로 머릿속에서 꺼낸다. 과장 섞인 내용의 - 군 생활을 해 본 사람이면 과장인지 아닌지 안다 - 군 시절 무용담도 자주 등장한다. 군대를 갔다 오지 않은 사람이 들으면 군대 생활이 정말 재미있어서 지금 당장에라도 입대하고 싶다는 생각이 들 수도 있다.

그러나 그 이면에는 군 시절의 고생에 대한 반대급부가 깔려 있다. 그런 식의 무용담을 통해 군 시절의 고생과 어려움을 추억이라는 이름으로 위장한 것이다. 겉으로는 군 시절의 아름다웠던 추억을 이야기하면서 속으로는 군대가 힘들다는 표현을 숨긴 것이다.

군대 내부를 외부에 공개하는 것이 터부시되던 시대는 지나고 지금은 텔레비전에서도 병영 체험이나 군대 이야기를 다룬 프로그램이 방영되고 있는데, 이를 보면서 대한민국 군대에 대한 사회적인 인식은 단순히 호불호로 대답할 성격이 못 된다는 것을 느낄 수 있다.

안타깝게도 우리 사회에서는 현역 군인을 예우해 주거나, 우대해 주는 문화가 존재하지 않는 상황이다 보니, 군인으로 살아가는 일이 결코 반가울 수 없다. 하지만 어떤 상황에서도 자신의 사명을 다해야 하는 군인들이므로 군복을 입은 것이 자랑스러울 수 있어야 한다. 물론, 국민의 지지와 성원, 사회에서 만들어 주는 관심과 명예가 있다면 더 좋겠지만 말이다.

아래는 인터넷 게시판에서 흔히 볼 수 있는 군인에 대한 부정적 내용들이다.

09:58
군인들 문란해서 난 싫어;; 나도 고무신들 별루던데 답답함 N

02:11
난 군인들 지저분해서 시러..단체생활 윽 ㅠㅠ N

↳ 02:13
ㅈㄴㄱㄷ 군인진짜더러워? 맨날씻는다던데 N

↳ 02:14
??지저분하다니 할미아버지도 군인이셧잔압 N

↳ 02:15
군인들 지저분할껄ㅋ그 팬티부터 이상하던데 ㅠㅠ그리고 막 고기에 목숨거는 그런게 싫어 티비보니까 고기 먹우려고 환장함 N

불행히도 군을 멸시하는 나라는 대한민국뿐이라는 말이 떠돈다. '군바리', '워카', '무식한 집단', '×별' 등 비속어가 유행하는 것을 보면 현실의 인식이 얼마나 부정적인지 알 수 있다. 현역 군인들을 예우해 주거나 우대해 주는 문화는 만들어질 조짐조차 보이지 않으니 안타까운 일이다.

미국의 경우는 어떠한가? 군인은 국민의 '신뢰와 존경'의 대상이다. 그뿐만 아니다. 영주권 소유자도 입대하여 부대 배치를 받으면 시민권을 신청할 수 있다. 또한 관공서나 은행에서 가장 먼저 민원을 처리해 주고, 비행기 탑승 시에도 VIP 좌석을 배려해 주는 우대 정책을 쓰고 있다.

불행하게도 현재의 대한민국에서는 군에 대한 이미지가 미국에 미치지 못하고 있다. 군인으로 장기 복무한 것에 대하여 예우를 기대하기 힘든 사회문화적 이유일지도 모른다. 현실이 이처럼 냉정하다는 전제를 미리 인식해야 한다.

군대가 전쟁터라면 군대 밖은 지옥!

"회사가 전쟁터라고? 밖은 지옥이다!"

대한민국을 들썩이게 만든 인기 웹툰, 윤태호 작가의 『미생』에 등장하는 말이다. 이 말은 드라마로도 방영이 된 이 작품에서 이미 회사를 그만두고 사회에 나가 자영업에 뛰어들었다가 온갖 실패를 다 겪은 선배가 소주 한잔을 따라 주면서 후배에게 해 주는 말이다.

나는 이 부분을 읽으면서 소름이 끼쳤다. 앞서 전역한 선배들을 만날 때마다 이와 비슷한 말을 들었기 때문이다. 군대라는 울타리를 벗어나, 사회로 나갔더니 그동안 피땀 흘려 쌓아 온 계급과 체면은 아무도 알아주지 않을뿐더러, 누구도 나를 먹여 살려 주지 않더라는 것이다.

"군대가 전쟁터라면, 사회는 지옥이다"라고 감히 말할 수 있다. 특히, 아무런 준비가 안 된 전역자들에게는 더더욱 해당하는 말이다. 사회생활을 십수 년씩 해 온 사람들도 회사 밖을 벗어나면 이처럼 사회를 지옥이라 표현하는데, 사회와 격리된 채 십수 년씩 군대라는 울타리에서 살아온 군인들의 눈에 비친 사회는 세렝게티 초원보다 심한, 냉정한 약육강식, 적자생존의 세상일 따름이다.

군대의 일상생활은 집단생활을 통해 영위된다. 집단 속에는 위계적인 계급 조직 구조가 갖추어져 있으므로 상위 계급에서는 하위자에게 자발적으로 복종할 것을 기대한다. 이 과정에서 상급자가 권위 자체에 가치를 두고 하급자를 대하거나 하급자의 인격을 무시하는 사례도 있을 수 있다. 군대에서의 훈련과 교육은 모두 전쟁 상황을 염두에 두고 이루어지는 것들이다. 실제 전쟁은 극한적인 상황일 수밖에 없다. 하나뿐인 목숨을 보전하면서 엄청난 고통, 어려움에 직면할 수밖에 없으며 사소한 오차라도 있어서는 안 된다.

이러한 군 생활에 적응하기란 쉬운 일이 아니다. 사실 군대라는 조직이 사회와는 완전히 다른 세계임은 분명하다. 그런 만큼, 사회에서도 완전히 다른 자세가 요구되기도 한다. 준비가 덜 되었거나 부족한 누군가에게 사회는 때로 지옥이 되기도 한다.

일반 사병의 문제를 떠나 직업으로 군인을 선택한 경우를 생각해 보자. 사실 군인은 숫자가 모자란다고 외부에서 충원할 수도 없고, 남는다고 정리해고를 할 수도 없다. 이미 직업으로 군대를 선택했기에 군대 이외에는 다른 직장을 생각하기 어렵고, 오직 조직 내에서 진급하는 것만이 유일한 생존 방식이다. 그 생존 경쟁이 전쟁터를 방불케 한다. 다들 경험해 보지 않았던가?

두세 번 진급에서 밀리면 재기는 어려워진다.

그래도 이것은 진급을 할 수 있는 경우에 해당하는 것이라, 진급을 하지 못 하는 사람 입장에서 본다면 행복한 고민일 수도 있다. 결국, 진급에 낙오한 사람들은 전역을 준비하게 되는데, 현재 우리 군에서는 전역 군인(병사 제외)이 매년 4만여 명에 달하고 있다.[1]

이제 사회로 뛰어든 전역 군인들은 새로운 생활을 영위하려 하지만 생각보다 냉혹한 사회 분위기를 느끼고 적잖이 당황하게 된다.

이들은 전쟁터보다 더 살벌한 지옥을 경험하게 된다. 아무리 포탄이 빗발치는 전쟁터라도 혼자 전장에 내보내지는 않는다. 최소한 총과 실탄은 쥐여 주고 전장으로 내보내며, 같이 작전을 수행할 동료들도 함께 있기 때문에 외로움은 덜하다.

---

1) 장기 복무 전역 군인은 10년 이상 현역으로 복무하고 장교, 준사관 또는 부사관으로 전역한 사람을 말하며, 중기 복무 전역 군인은 5년 이상 10년 미만 현역으로 복무하고 장교, 준사관, 또는 부사관으로 전역한 사람을 말한다. 10년 이상 장기 복무한 전역 군인은 연간 3,000여 명, 5년 이상 10년 미만 복무한 중기 복무 전역 군인은 4,000여 명이다. 여기에 연간 2만 8천 명 정도의 2년~3년 단기 복무 전역 군인을 포함한다면 연간 4만여 명에 달하는 전역 군인이 발생한다는 이야기이다.

그러나 사회에서는 철저히 혼자가 된다. 군대 근무 시절의 계급이나 직책은 의미가 없다. 그것은 군대 내에서만 통용되던 룰이었지, 사회에서도 동일하게 적용되는 것은 아니기 때문이다. 더욱이 어떤 식으로 생존해 나갈 수 있는 노하우 같은 것을 전수받은 것도 없기에 좌절감은 배가된다. 이러한 지옥 같은 상황에서 빠져나올 수 있을까? 과거의 높은 계급과 대우는 군대라는 울타리를 벗어난 군인에게도 계속 통용될까?

현실과 이상 사이

'내 계급이 이 정도인데, 사회 나가면 이 정도는 인정해 주지 않겠어?'

'나 정도 수준이면, 사회에서 괜찮은 월급은 보장되지 않겠어?'

오랫동안 군 생활을 한 사람들의 착각이다. 과거에 나 역시도 이 착각에서 벗어나지 못했다. 하지만 착각은 착각일 뿐이었다. 이것이 착각이라는 사실을 나는 비교적 빨리 깨달았다. 전역 5년 전부터 현실을 더듬더듬 알아갔기 때문이다.

군대에서는 갓 입대한 일반 사병만 보더라도 정해진 의무 근무 기간을 유지해야 한다, 그들은 최소 21개월의 복무 기간을 유지하므로 기간이 짧지만, 직업 군인의 입장으로 들어가면 의무 복무 기간이 더욱 길어진다.

그런데 직업 군인의 정년은 근속 정년과 계급에 따른 연령 정년이 적용됨에 따라 타 직업에 비해 직업 보장이 현저하게 낮다. 따라서 직업 군인은 피라미드식 계층 구조상 40대 중반이나 50대 초반에 전역을 할 수밖에 없다.

계급	상사	원사/준위	소령	중령	대령	준장
정년 연령	53세	55세	45세	53세	56세	58세

출처: 2016년 국방부 직업군인 봉급, 정년기준표

이 시기는 주택 문제, 자녀 교육, 결혼 문제 등 가계 지출이 가장 많은 시기로, 현실적으로 전역을 하게 되면 전역 당사자뿐만 아니라 가족 모두에게도 심각한 문제가 생길 수 있다. 우리나라는 남북이 대치된 상황을 고려하여 직업 군인이 매우 중요하다고 이야기는 많이 하고 있으나, 정작 직업성은 보장되지 않고 있는 실정이고 이것이 현실이다.

구조의 특성상 군대의 정년은 다른 사회 집단과 비교해봤을 때 매우 불리한 상황으로, 대학 졸업자를 기준으로 소령은 타 직업보다 10~16년, 중령·대령의 경우 공무원에 비해 5~8년이 이르다. 일반 행정직 공무원이나 경찰 공무원 등은 정년이 61세까지 보장되어 있지만 직업 군인의 정년만 짧기 때문에 경제적인 안정성이 보장되어 있지 않은 실정이다. 따라서 한참 경제활동을 해야 할 40~50대에 전역하게 되어 제2의 인생을 설계하지 않을 수 없다.

하지만 재취업률은 불과 30% 내외이며 재취업의 만족도 역시 매우 낮은 실정이다.

구분	미국	영국	프랑스	독일	일본
취업률(%)	95	94	92	90	97

출처: 2012년 전역 군인 취업 지원 정책 토론회 자료, 육군본부

육군과 정부에서도 전역 군인의 취업 지원 대책 마련을 위한 다양한 노력을 기울이고 있으나, 체계적이고 실질적이지 못한 단편적 지원에만 그치고 있다. 게다가 최근 심각한 국내외적 경기 침체까지 맞물려 이들의 사회 취업은 더욱 힘들어지고 있다.

현재 국방부에서 시행하고 있는 전역 군인의 전직 지원 교육은 전역 2~3년 전에 진로 목표를 설정하며 관련된 자격증을 미리 취득할 수 있도록 하고, 전역 1년 전에는 기본 교육(1주)을 실시하며, 전역 1년~6개월 전에는 심화 교육을 지원하는 것으로, 총 3단계로 이루어져 있다.

하지만 현재 시행하고 있는 우리 군의 전직 교육이 군사, 직무 위주로 되어 있어 취업 전문성 개발을 제한하고 있으며, 교육이 대부분 10일 이하의 단기간으로 운영된다. 심화 교육 역시 전체 43개

과정 중 3개월 이상 실시하는 과정은 11개에 불과하다.[2] 이것은 전직 교육이 실질적인 취업 전문성을 제고시키기에는 근본적인 한계를 가지고 있다는 것을 알 수 있다. 실제 직업 보도교육을 이수한 간부들을 대상으로 설문조사를 해 본 결과 직업 보도 교육을 통해 취득한 자격증이 취업에 도움이 되지 않는다고 생각하는 인원이 82.7%였고 교육을 통해 습득한 기술 역시도 취업에 도움이 되지 않는다고 응답한 인원도 81%나 됐다.

이외에도 교육 기간이 너무 짧고, 강사진들의 전문성이 부족하며, 교육 내용이 실무와 거리가 있어 그마저도 참석이 어렵다는 불만들이 제기됐다. 이는 전역 군인 취업 지원 제도가 전반적으로 현실성이 결여되고 이질감이 있으며 수시로 변화하는 고용 시장 및 사회의 특성을 반영하지 못하여 실효성이 떨어지고 있는 실정을 보여준다. 군대에서 수행하는 업무는 제한적이어서 일반 사회의 직업에 적용하기에는 한계가 있어 보인다. 국방취업지원센터의 업무 자료에서도 언급했듯이 구인자들의 군 경력자 채용 특성을 보면, 대기업에서는 30세 이하의 젊은 층 채용에는 관심이 있으나, 사회에서는 장기 복무 전역 군인 채용에 크게 신경을 써 주지 않는다. 중소기업에서는 45세 이상의 군 경력자 채용에 일부 관심만 표출하고 있으며, 공기업에서는 채용하는 경우가 거의 전무한 실정이다.

---

2) 사)한국행정문제연구소. 전역 군인 교육 훈련 통합 관리 및 개선 방안 연구. 2007. 11.

〈표 1〉 제대 군인 대상별 현황, 특성 및 문제점

제대 군인	현황	특성	문제점
장기 복무자 (10년 이상)	o 연금수혜자 2,000명 o 연금 미수혜자 1,000명	o 일반 사회와 장기간 격리, 통제된 생활을 하다가 사회 적응 능력이 부족한 상태에서 전역 o 군 복무 중 훈련, 경계, 작전 등 상시 전투태세 유지/긴장된 생활 o 가계비 최대 지출 시기에 전역을 하게 되고, 특히 연금 비 대상자는 전역과 동시에 소득원이 고갈되어 생계 유지가 어려움 o 최근 5년간 취업률 31.8%	o 법적 지원은 보장되어 있으나 시행은 제한적 - 주택지원 : 20년 이상 복무자 공공주택 우선 분양(미시행) 교육보호 : 본인 대학 공납금 50% 국고보조. 생활이 어려운 20년 이상 복무자 고교 재학 자녀 입학금, 수업료 국고보조 의료보호 : 20년 이상 복무자 보훈 병원 진료비 50% 감면 - 대부지원 : 대부 한도 소액 (300~3,000만 원), 이율 4%
중기 복무자 (5년 이상 10년 미만)	o 3사관, 복무연장자, 장학금수혜자, 준·부사관, 기술 요원 등 4,000명	o 전후방 각급 부대의 중간 간부로 복무하다가 신규채용 제한 연령도 초과되고 재취업에 대한 준비 없이 전역	o 그동안 법적·제도적 지원제도가 없어, 우수자원 획득에 문제가 있었으나, 최근 제대 군인 지원에 관한 법률 개정 (06년 5월 시행) 상당 부분 혜택을 보게 됨
단기 복무자	o 학군, 학사 장교, 단기 부사관, 특전 부사관 및 병 약 28만 명	o 군 복무 중 능력 개발이 어렵고, 병역 미필자에 비해 취업 및 승진 등에서 불리(채용 시 응시 상한 연령 1~3세 연장)	o 병역미필자와의 형평성 문제 내재

■ 제대 군인은 대상별로 장기 복무자, 중기 복무자, 단기 복무자로 구분되며 연간 총 28만 7천여 명이 전역

* 자료출처 : 국가보훈처 제대군인국(2004 : 2~3) 재구성 /
송미원, '제대군인공단 설립의 당위성과 실천방안', 보훈교육연구원

가장 절실한 것은 전역 군인의 능력 개발을 위한 체계적 지원이다. 이는 단순히 사회와 연계성이 떨어진 취업 지원 체계가 아닌 민간 직무와 연계될 수 있는 현장 실무가 중심이 되는 것으로 다양한 방법을 동원하여 실시해야 한다. 또한 취업 지원을 위한 자격증 취득 연계 교육도 필요하다. 워드프로세서, 정보 검색사처럼 원하지도 않는 단순하고 유명무실한 자격증이 아닌, 민간 기업에서 인정할 수 있는 신뢰도가 있는 자격증 취득이 필요하며, 군에서의 교육과 경력이 민간 기업에서 인정받는 것 또한 중요하다.[3]

　더불어 NCS와 연계하여 직책별 직무수행에 필요한 자격증을 표준화하고, 군 복무 중 취득할 수 있는 기회를 부여해 사회진출 후 활용할 수 있도록 하는 것이 필요하다. 또한 군대에서의 직무 전문성이 군대에만 국한되지 않고, 군 경력을 공인화하고 전역 후에도 활용할 수 있도록 하는 제도적 뒷받침이 이루어져야 할 것이다.

　직업 군인에게는 연금이라는 대책이 있다고 하지만 무언가 부족한 부분이 있어 대부분 당황하고 초조할 수밖에 없다. 퇴직 후 제2의 인생을 무엇을 하면서 사는 것이 보람 있고 가치 있을지가 숙제

---

3) 장기 복무자(10년 이상)에게만 부여되는 전직 교육 기간을 중기 복무자(5~10년)에게도 일정 기간 부여할 필요가 있어 보인다.
　그리고 또 하나가 군 내 NCS의 도입이다. 국가직무능력표준(NCS, national competency standards)은 산업현장에서 직무를 수행하기 위해 요구되는 지식·기술·소양 등의 내용을 국가가 산업부문별·수준별로 체계화한 것으로, 산업현장의 직무를 성공적으로 수행하기 위해 필요한 능력(지식, 기술, 태도)을 국가적 차원에서 표준화한 것이다.

이며 고민거리가 되었다. 노년기에는 누구에게나 4고(苦)가 밀려온다. 그 첫째가 소득 상실의 고통, 둘째가 질병의 고통, 셋째가 고독의 고통, 넷째가 역할 상실의 고통인데 이는 결코 피해 갈 수 없는 괴로움이다. 대부분의 직업 군인이 평생을 국가와 국민을 위해 헌신하다 보면 은퇴 후 삶을 제대로 준비할 틈이 없다는 것[4]을 절대적으로 명심하라.

---

4) 육군본부, '전역 군인 삶의 실태 조사 결과', 육군본부, 2005.

의존하지 말고 독립하라

노예제도는 사실상 사라졌다. 1862년 9월 22일, 링컨은 노예 해 방과 관련된 내용을 발표하면서 미국에서는 노예제도라는 것은 사 실상 폐지되었다. 우리나라도 '노비 문서'라 하여 양반들은 노비를 소유하거나 사고팔 수 있는 제도가 있었으나 노비나 노예라는 것 은 사실상 현대사회에서 모두 사라졌다. 하지만 노비나 노예는 노 예 문서가 없어졌다고 해서 종적을 감춘 것은 아니라 할 수 있다. 사람 위에 사람이 있던 시절과 마찬가지로 오늘날 우리 사회에는 정신적인 노예들이 많이 있다.

누군가에게 의존해야만 하는 것은 노예의 마인드라 할 수 있다. 서른 넘은 자식이 부모에게 의존하는 것, 심지어 취업한 후에도 부 모의 그늘 아래 사는 것. 시대가 노예를 만드는 것인지 이러한 현 상은 비교적 많이 발견할 수 있다.

성인이 된 지 한참 지나고 나서, 나이를 먹은 이후에도 부모에게

손을 벌리며 살아야 하는 사람들도 있다. 자신의 용돈은 물론 술 값까지 부모 혹은 친척 등에게 의존하는 사람들이 적지 않다. 의 존을 인간관계의 '척도'라고 여기는 것은 문제가 된다. 다른 사람의 도움을 받는다는 것은 좋은 일이기도 하지만, 그것이 습관으로 굳 어지게 될 때는 노예근성을 의심해봐야 한다. 다른 사람에게 도움 을 받는다는 것, 그것이 만성으로 굳어지게 될 때에는 스스로를 나약하게 만들 뿐만 아니라 인생에 있어서도 중요한 자신에 대한 믿음을 상실하게 한다. 그렇기 때문에 인내심도, 배려심도 사라진 다. 오로지 자신만을 위한 삶을 살게 되는 것이다. 남에게 받기만 했지 베풀어본 적은 손에 꼽기 때문이다. 독립성이야말로 우리들 이 반드시 가져야 할 오늘날의 기본 품성이라 할 수 있다.

독립은 국가나 개인에게 모두 중요한 화두이다. 독립하지 못하면 식민상태가 될 뿐이고 식민상태가 얼마나 비참한지는 우리 역사에 서도 발견할 수 있다. 독립되지 못한 인생은 이처럼 비굴해지거나 비참해지는 지름길이다. 인생에 있어서 독립해야 할 시점이 있는데 그것은 대학 이후, 취업 이후, 결혼 이후 그리고 중년 이후라 할 수 있다. 장기 군 복무를 한 이후 군대조직에 오랜 기간 의존했지만, 이제 그 든든한 안전판이 사라지면 오로지 스스로 독립해야 한다. 또 한 번의 '독립' 시기가 다가오는 것이다. 그런데 그 독립이라는 것이 단기간에 준비하기가 여간 쉽지 않다.

오래된 불교 경전 『수타니파타』에 이런 구절이 나온다.

"소리에 놀라지 않는 사자와 같이, 그물에 걸리지 않는 바람과 같이, 흙탕물에 더럽히지 않는 연꽃과 같이, 무소의 뿔처럼 혼자서 가라."

독립성이 결여되었을 때 비참함에 끌려다녀야 하며, 영혼마저 빈곤하게 만든다. 독립은 집안의 부유함이나 가족이 많거나 일가친척이 많다는 것과 아무런 관계가 없다. 독립은 혼자서 해야 하는 과정이기 때문이다.

"정부가 도와주겠지."
"친구, 선배가 도와주겠지."
"부모님이 도와주시겠지."
"장인 장모가 도와주시겠지."
"어떻게 되겠지, 누군가 도와주겠지, 설마 무슨 일이든 있겠지."

이처럼 소극적인 태도와 생각은 조금이라도 버려야 한다. 지금 만약 누가 도와주겠지 라는 막연한 생각을 가지고 미래를 준비한다면 이미 실패한 것이다. 냉정하게 실상을 말하자면, 아무도 도와주지 않는다. 누군가가 "내가 도와줄게"라고 내뱉은 말도 믿지 말고 의심을 해봐야 한다. 그 말을 그대로 믿는 사람이 있다면 아직까지 순진한 것이다.

그럼 독립성을 갖출 수 있는 방법은 무엇일까?

나는 나만의 명함을 만드는 것에서 시작했다. 군 복무 당시 나는 내가 되고 싶은 분야의 전문인이 될 거라는 생각으로 프린터로 뽑아 〈상담심리전문가〉라는 타이틀로 나의 명함을 만들어 본 적이 있다. 물론 워드로 대충 만들어 프린터기로 찍어낸 조악한 명함이지만, 그것이 군대 이후를 준비하는 첫 시발점이자 자기 선언이 된 것 같다. 나만의 명함은 독립선언의 핵심이다. '회사의 명함'이 아니라 '나만의 명함'이라는 점이 중요하다. 대기업 상호를 빼버리면 빈 껍데기만 남는 명함이 중요한 게 아니다. 자신이 다니는 대기업의 이름을 빌려 어깨에 힘주는 사람들은 바보들이다. 군대에서 나오면 힘이 빠지듯, 그들 역시 대기업에서 나오면 힘이 빠진다는 사실을 알지 못할 뿐이다.

정말 중요한 것은 기업의 상호나 브랜드가 아니라, '나'의 명함이다. 누군가에게 의존하지 말고, 조직을 벗어나 '나'가 무엇을 할 수 있는지, '나'의 힘으로 어떻게 살 수 있는지가 독립의 관건이다. 지금 누군가에게, 혹은 어떤 조직에게 의존하고 싶다면 정신적 노예 상태가 아닌지 심각하게 생각해 봐야 할 때이다.

의존하지 말고 독립하자.

사회의 신참으로 - 왕년은 잊어라

2015년 3월 19일 조선일보에 유의미한 기사가 났다. 제대 군인의 취업률은 선진국이 90%대인데 반해 한국은 50%대라는 내용이다. 육군에 따르면 현재 중·장기 복무자의 제대 후 취업률은 57.4% 수준에 불과하다. 이는 사단급 이하에서 근무했던 장교들 다수가 격·오지에서 근무하는 등 제대를 대비해 취업준비를 하기 어렵기 때문이다. 또 60세까지 정년이 보장되는 일반 공무원과는 달리 직업 군인은 계급별 정년제도에 따라 본인의 의사와 상관없이 대위는 43세, 소령은 45세, 중·상사는 50대 중반 이전에 각각 전역하게 되기 때문이기도 하다.

자녀 교육비 등 지출이 가장 많은 40~50대에 연금만으로 생활하기는 어려운 측면이 있다는 게 군 측의 입장이라는데 사정이 이렇다 보니 중·소령, 부사관 중 대다수가 경비·아파트 관리 등 용역업체의 통제를 받는 현장근무에 취업해 월 100~200만 원 수준의 보수로 자녀 교육과 생계를 충당하고 있다고 한다.

반면 미국, 독일, 프랑스 등 선진국의 경우 제대 군인의 취업을 돕기 위해 채용시험에 가산점을 부여하거나, 제대 군인을 채용한 민간기업에 임금 일부를 지원하는 등 법과 제도가 잘 마련돼 있다. 덕분에 선진국의 제대 군인 취업률은 미국 94%, 영국 95%, 프랑스 94%, 독일 92% 등 대체로 90%대에 달한다는 것으로 드러났다.

상대적으로 우리 군은 전역 후 불확실성에 노출될 확률이 높아졌다는 의미라 볼 수 있기에 전역을 앞둔 장기 복무자에게는 묵직한 압박감이 느껴질 기사 내용이다.

사회에서 정상적인 직장인이 직장을 옮기는 간격은 평균 2년가량이다. 물론, 직장을 옮기는 일은 익숙한 환경에서 일하는 데 익숙해 있다가 새로운 환경에 적응하는 기간이 필요하므로 신중할 필요가 있다. 그러하더라도 일을 하다 보면 금세 적응하는 것이 가능해진다.

하지만 전역은 차원이 다르다. 군대는 다른 직업군과의 연계성이 부족하거나 아예 동떨어진 직업일 수밖에 없다. 군대 내에는 수많은 기밀이 있다. 또한 무기를 다루거나 설치하거나 살상하는 기술들은 군대의 폐쇄적인 성격을 반영하는 것들로서, 군인은 특수한 전문직이므로 일반 사회에서 요구되는 노동 방식, 지식, 업무 환경 등을 습득, 숙달하기에는 제한이 많다.

그러나 전역 후 새로운 삶을 살아야 하는 전역 군인들에게는 그동안 익혀 왔던 폐쇄성이 심각한 리스크로 작용할 수밖에 없다. 물론, 그들은 군 복무를 하는 과정에서 익혔던 리더십, 근면성, 책임감은 뛰어나다. 그러나 전역하는 시점이나 그들의 연령대를 생각할 때, 그것만 가지고 직장 생활을 영위할 수는 없다. 이는 익숙해진 직장에서 한창 일하다가 어느 날 거의 상관없는 직장으로 옮겨 가는 것과 같은 정도의 심리적 압박을 받는 일이기 때문이다.

요즘과 같이 청년 실업이 넘쳐나는 실정에서 40대 중반이나 50대 초반의 나이에 사회에서 재취업을 한다는 것은 더욱 어려운 일이다. 고령화 사회로 접어들고 있는 현재의 시점에서는 생계유지와는 무관하게 중·장기 복무 전역 군인 대부분이 취업을 희망하고 있으나 일자리를 구하지 못하여 타의에 의해 실직 상태에 놓여 있는 실정이다. 또한 40세 이상 위관 장교 및 소령급의 취업도 방산업체나 무역 대리점, 예비군 지휘관, 비상기획관 등 대부분이 군과 관련이 있는 직종으로 이뤄지고 있어, 민간 기업이나 공기업에 취직하는 것은 현실적으로 매우 어려운 상태이다.

현재는 군 복무를 하더라도 전역 후 어떠한 보상도 받을 수 없게 되어 있다. 헌법 제39조의 2에는 '누구든지 병역 의무의 이행으로 인하여 불이익한 처우를 받지 아니한다'라고 명시되어 있다. 그러나 군 복무 기간 동안 취직과 학업에 제약을 받는 등의 손실과 관련하여, 현재 국방부에서는 현행의 군 복무 이후 어떠한 경력 인정이나 보상도 하지 않고 있기 때문에 대한민국의 군필 남성들은 병역의 의무에 따른 손해를 고스란히 부담하고 있다.

실제 일반병으로 군대에 갔다 온 남성의 경우 군 복무 기간을 제외하더라도 취업이나 학업 등의 이유로 군대를 가기 2년 전부터 자신의 계획을 수정해야 하고, 전역 후 사회에 적응하는 데 소요되는 기간까지 더하면 국방의 의무로 부담하는 피해는 이루 말할 수 없다. 뿐만 아니라, 병사들은 언제라도 전투에 투입되어야 하는 상황에 놓여 있기 때문에 그에 따르는 피해 또한 계산하기 어려울 정도로 크다. 일반병들도 이럴진대 아무런 준비도 없이 장기간 복무하다가 전역한 군인은 어떨 것인가?

20대 취업률이 바닥을 치고 있는 현실에서 30~40대의 군 경력이 전부인 그들에게 취업은 결코 쉬운 일이 아니다. 현재 장기 복무를 선택한 위관 장교가 영관 장교로 진급하지 못하면 근속 정년에 걸려 15년 이상 근무할 수 없게끔 되어 있다. 그리고 연령 정년이 적용되는 중사는 원사로 진급하지 못하면 45세까지만 근무할 수 있다. 또 소령 이상부터는 해당 계급에서 진급이 3회 누락될 경우 계급 정년까지 진급 기회가 줄어들어 그대로 전역해야 하는 게 현실이다. 소령으로 만기 전역하면 연금 수령은 가능하지만 한창 사회생활을 해야 할 비교적 이른 나이에 전역하는 것이기에 재취업이나 창업 등을 고민해야 하는 것이다.

이러한 현실에도 불구하고, 사회에서는 군인이라는 직업을 한 발자국 물러나서 바라보고 있다. 실제로 우리나라 국민들은 군인들이 전역한 후 사회 복귀에 어려움을 겪고 있다는 사실에 대해 크게 인식하지 못하고 있는 것으로 조사되었다.

매년 전역하는 군인의 절반 이상이 취업을 못 하고 있다는 것은 심각한 사회적 손실이 아닐 수 없다. 또한 어렵게 취업을 한다고 해도 업무 적성이 맞지 않거나 적응력이 떨어져 이직 횟수가 평균 3.5회에 이른다는 조사 결과도 있다. 이는 적성과 능력에 맞지 않는 일자리에서 일하면서 얻는 스트레스도 상당하다는 것을 알려 주는 것이다.

전역 군인의 평균 연령대를 보더라도 이들이 취업을 하지 못한다는 것은 한 가정이 파괴되는 상황을 의미할 수 있다. 전역 군인의 취업 문제를 사회적 차원에서 다루면서 실질적인 지원이 이루어져야 한다.

당신은 전역을 앞두고 있는가? 전역을 하였는가?

일단 축하한다. 사회의 신참이 된 것을……. 그런데 한 가지 명심해야 할 내용이 있다.

실수하면 안 된다. 실패해도 안 된다. 군대에서의 실수와 실패는 얼차려 몇 번이면 끝나지만, 사회에서의 실수와 실패는 불행한 노후와 패가망신의 지름길일 수 있다. 물론 한두 번 실패했다고 해서 재기의 기회가 아예 없는 것은 아니다. 하지만 미숙한 준비로 사회에서 돈과 시간을 모두 날릴 즈음, 당신은 늙어 있을 것이고, 아무도 당신에게 관심을 가져 주지 않을 것이며, 재기는 젊었을 때보다 몇 곱절은 더 힘들어진다. 결국 삶을 자포자기해야 할 수도 있다. 되는대로 살아가는 비굴함과 비참함 속에 노후를 보내야 한다는 것은 슬픈 일이 아닐 수 없다.

신병 교육대를 생각해 보자. 무척 힘든 훈련의 연속이었다. 군대라는 특수한 환경에 적합한 정신과 신체로 거듭나기 위한 과정이기 때문이다. 그렇게 하지 않으면 실수와 사고로 목숨을 잃을 수도 있기 때문이다. 사회의 신참이 되었다면, 사회라는 특수한 환경에 적합한 정신과 신체로 거듭나야 한다. 그렇게 하지 않으면 군대에서처럼 실수와 사고로 목숨을 잃는 일은 없겠지만, 재산과 건강, 그리고 가족을 잃을 수 있다. 나 하나 죽으면 끝이 아니라, 가족의 목숨과 미래가 달린 문제가 된다. 차원이 달라지는 것이다.

그래서 한 가지 주문을 하고 싶다. 잘나가던 왕년은 모두 잊어야 한다. 계급도, 명예도 다⋯⋯. 나는 신참이기 때문에 무조건 배우고 익힌다는 각오를 갖도록 하자. 그래야 산다.

勝兵先勝(승병선승) 而後求戰(이후구전)

敗兵先戰(패병선전) 而後求勝(이후구승)

이기는 군대는 승리할 상황을 만들어놓고 전쟁에 임하고,

패하는 군대는 먼저 전쟁을 일으킨 다음 승리를 구한다.

- 『손자병법』 군형편(軍形篇)

　전역 후 세상과의 치열한 싸움이 시작된다. 『손자병법』의 말대로 싸우며 이기려 하기보다 제발 이겨 놓고 싸우자. 이순신 장군도 그렇게 이겼다. 절대적인 불리함 속에서도 고작 열두 척의 배로 이긴 것이다.

　군 전역자들 앞에 펼쳐지는 세상은 이순신 장군이 처한 막막한 전쟁처럼 철저히 불리할지 모른다. 고작 열두 척으로 수백 척의 적군과 맞서야 하는 답답함, 바로 그 심정일 것이다.

　그래도 이순신 장군은 승리했다. '선승구전(先勝求戰)' 전략이 있었기 때문이다. 이순신 장군의 열두 척 배처럼, 우리에게는 다양한 인간관계 경험, 강한 체력과 불굴의 정신력이 있을 뿐 아니라 빛나는 눈치, 노련미와 시간, 그리고 아직은 공부하기에 알파고보다 뛰어난 머리가 있다. 비록 사회 신참이지만 나름 괜찮은 자산이다. 그럼 이 자산이 어떻게 당신을 빛나게 할지 다음 장부터 싸우기 전에 이기는 방법을 좀 더 구체적으로 알아보기로 하자.

전역자의 뼈저린 조언 1

✚ 사회에서는 아무도 계급을 알아주지 않는다. 사회에 나온 이상, 혹은
사회에 나올 예정이라면 계급은 제발 잊어라. 계급을 잊는다고 체면
까지 구겨지는 것은 아니다. 또한 경험상, 사회에 나온 이상 군대 시
절 이야기를 하면 오히려 체면이 구겨진다는 것을 잊지 말아라.

✚ 체력이 좋다고 자만하지 말자. 사회에 나오면 군대에서처럼 규칙적
인 생활을 할 여지가 거의 없어진다. 술, 담배를 줄이고 무조건 규
칙적인 운동을 생활화하자. 나의 경우 하루에 10㎞는 반드시 뛰거
나 걸으려고 노력한다. 전역 후 무절제한 식생활, 습관을 가지고 무
료한 나날을 보내면서 급격히 노인이 되는 사례를 여럿 보았다.

나는 원래 경영학을 전공했으나, 심리학에 관심이 생겨 아예 심리학으로 전공을 변경했고, 비록 사이버 과정이지만 학사는 물론 석사까지 심리학을 전공했다. 실제 심리 분야에 유용한 자격증을 주로 취득했다. 이는 전역 5년 전부터 준비한 것이다. 덕분에 나는 전역한 다음 날 한국심리평가원의 사무국장으로 취업하였고 현역 생활을 이어가고 있다.

나는 현재 여러 장의 자격증을 가지고 있지만 다시 군 복무 당시로 돌아갈 수만 있다면 두 배는 더 많은 책을 읽을 것이다. 책 속에 길이 있었기 때문이다. 자격증은 운전면허증과 동일하다. 운전면허증이 있다고 운전을 잘하는 것은 아니다. 사회에서 느낀 것이지만 자격증을 많이 가지고 있다고 실력이 높아지거나 좋은 평가를 받는 것은 아니었다. 다수의 자격증을 가진 사람들이 나 말고도 많았다. 그런데 책은 달랐다. 책을 많이 읽으면 읽은 만큼 내공이 쌓이고, 사회에서 내가 가야 할 길이 보이고 신통하게도 판단력이 생겼다. 지금 내가 강사로 활동하고 있는 한국심리평가원에 취업할 수 있었던 데에는 자격증도 한몫했겠지만, 그때 읽은 평생의 책이 내 사고력의 빈 공간을 채웠기 때문이라 믿는다. 나는 22년간 군 생활만 했다. 그다지 좋은 머리도 아님을 알고 있다. 머리는 굳어졌지만, 독서를 하면서 내 머리가 그럭저럭 쓸 만한 머리라는 사실을 확신하게 되었다.

술잔을 내려놓고, 지금 당장 책을 펼쳐라. 몇 년 후 새로운 세상이 펼쳐질 것이다.

제2장 준비 편

절대로 놓치지 말아야 할 것들

신이 우리를 가르칠 때는 채찍을 쓰지 않는다.
신은 우리를 시간으로 가르친다.

- 발타자르 그라시안

생존 준비 골든타임 전역 전·후 3년

'준비(準備)'를 사전에서 찾아보면 '미리 마련하여 갖춤'이라는 뜻을 지니고 있다. 자신에게 예정되어 있는 어떤 상황에 대처하기 위해서는 미리 만반의 준비를 해 놓아야 일이 닥쳤을 때 적절하게 대응할 수 있다. 그러나 준비를 갖추어 놓는다고 모든 일이 수월하게 진행되는 것은 아니다. 처음 해외여행을 갔을 때 만반의 준비랍시고 수많은 짐들을 싸 가지고 갔다가 짐에 치여 여행도 제대로 못하고 온 경험이 있을 것이다. 이는 예정된 상황에 대한 철저한 준비라고 할 수 없다. 해외여행을 다녀온 사람들의 조언을 듣는다거나 해외여행 정보를 더 찾아보았다면 그렇게 힘들어 필요 없는 준비까지 하지는 않았을 것이다.

전역을 앞둔 사람들도 전역을 준비해야 한다는 것을 모르고 있지 않다. 그들은 알고 있으나 무엇을 어떻게 준비해야 할지 모르는 상황인 경우가 대부분이다. 그들은 이렇게 말할지도 모른다.

"전역 준비요? 해야죠. 그러나 당장 무엇을, 어떻게 준비해야 할지 고민스러운데 준비가 수월하게 될까요?"

이들의 말에도 타당성이 있다. 사실 그들이 준비해야 하는 것도 있지만, 그동안 그들이 몸담아 왔던 부대에서 준비할 수 있는 여건을 보장해 주는 것이 바람직하다. 그런데 여건은 그렇지 못하다. 그들에게 기회가 주어진다 해도 그 기회는 극히 제한적이라 제대로 된 준비를 하지 못하는 경우가 다반사이다. 또한 전역을 준비하기 위한 인식을 갖게 되는 시기도 저마다 다르다. 현재 그들을 위해서 어떤 서비스가 제공되는지를 몰라서 도움을 받지 못하는 경우도 태반인 것이 현실이다.

전역을 준비하는 사람들은 남은 기간을 더욱 알차게 보내 후회 없이 군 생활을 마무리하고, 전역 후에는 인생을 더 멋있게 살아가고픈 욕망이 있을 것이다. 하지만 전역이 코앞인데도 아무런 도움을 받지 못한 채 새로운 싸움을 해 나가야 하는 상황에 봉착한다. 전쟁터에는 최첨단 무기와 장비들이 즐비한데 날이 무뎌지고 수명이 다해 낡아빠진 무기를 갖고 전장에 투입된다. 전쟁터의 상황은 엄청나게 바뀌었다. 현대전은 속도전이며 과학전, 정보전이다. 세상의 빠른 변화에 민감하게 반응하는 것이 전쟁에서의 승패를 좌우한다. 익숙한 전쟁터가 아닌, 낯선 지형지물만 가득한 새로운 전쟁터로 가는 중이다. 그런데도 "이 무기와 전술로도 충분히 싸워 이길 수 있어"라고 하면서 무기를 쥐어 준다. 지금 내가 가지고 있는 무기와 전술이 새로운 전장에서 과연 통할까? 그것들은 모두 무용지물일 수밖에 없다. 기존의 규칙들과 이전의 경험들이 통하지 않기 때문이다. 따라서 변화를 어떻게 받아들이고 그 변화에 맞춘 준비를 어떻게 하는가가 중요하다.

1957년 소련에서는 인공위성 스푸트니크(Sputnik)를 세계 최초로 우주에 쏘아 올렸다. 이에 가장 큰 충격을 받은 나라는 미국이었다. 소련에서 우주 개발을 통해 발전시킨 기술을 대륙 간 탄도탄에 적용해 미국을 핵 공격할 수도 있다는 긴장감이 미국인들을 긴장시켰고, 이에 미국 정부에서는 교육과 우주 개발 분야에 엄청난 돈을 쏟아부어 결국은 소련을 앞질렀다.

생각의 변화, 변화에 따른 대응이 드러나는 이야기이다.

그런데 군 생활이 길어질수록 사회에 나와 대처하는 것들은 점점 늦어진다. 생각의 변화도 더디고 그 변화에 대응하는 것은 거북이걸음이다. 어쩌면 변화에 전혀 대처하지 못할 수도 있다. 일반적으로 사람들은 주어진 여건에 안주하는 경향이 강하다. 전역 후 군인 연금이 나오니까 그래도 낫다고 생각하는 사람이 있을지 모르겠다. 변화에 대처하기 싫어서일까?

그러나 군인 연금이 모든 걸 다 해결해 주지는 못한다. 어찌 군인 연금이 군 생활 때 받았던 봉급에 비할 것인가? 군인 연금은 최소한의 안전장치이고 연금일 뿐, 근본적인 도움이 되지 않는다. 더욱이 새로운 일에 대한 해결책을 제공해 주기는 더욱 불가능하다. 이러한 것들을 올바로 인식하는 일이야말로 새로운 환경과 변화를 받아들이는 추진력이 될 수 있다.

필자는 당사자들의 고충과 애환을 알고 있다. 아니, 안타까움이라고 해야 할까? 당사자들이 변화해야 하는데 변화하지 않고 그 자리에 머무르려고만 하고, 그들을 위한 프로그램이 있음에도 불구하고 이를 지원받지 못하는 데 대해 안타까운 마음이 들었다.

실제로 전역 후에는 은퇴와 사회활동을 동시에 준비해야 하는 딜레마가 있다. 필자 역시도 그 시기에 답답한 마음이 많이 들었고 모든 것이 막연하기만 했다. 내가 과연 천직으로만 여겼던 20여 년의 군 생활을 뒤로 한 채 새롭게 할 수 있는 일이 뭐가 있을지 알 수 없었고, 무슨 일을 해서 내 가정을 이끌어 나가야 하나라는 막막함마저 들었다. 나름대로 이곳저곳 알아보고 확인해 봤지만 지금껏 살아온 생활과는 너무도 동떨어진 환경들에 대해 적지 않은 거부감마저 들었던 것도 사실이다. 하지만 그러한 생각보다 더 힘들었던 것은, 무엇을 어떻게 준비하고 공부해야 하는지 비슷한 처지에 있는 사람이 주변에 많지 않다는 상황을 접하면서 느끼는 가슴앓이였다. 힘겨운 자신과의 오랜 싸움이 진행되면서 속 시원하게 누구에게 고민을 말하기조차도 조심스러웠던 예민한 시기였다. 그 반면에 '아무리 사회가 어렵고 힘들다 하더라도 내가 해야할 일은 있겠지', '노력 앞에 무슨 일이 안 되겠는가'라는 위안도 해보면서 조금은 긴장감을 풀고 지내려고 노력했다.

전역하기 전, '이젠 전역할 때로군'이라는 예감을 하는 시점은 짧게는 3년, 길게는 5년 정도이다. 이 기간은 진급 연한이 이미 다 지난 시기이기 때문에 전역을 예감할 수 있는 실질적인 시점이라 할수 있다. 하지만 아직 구체적인 전역일이 확정 안 되었다는 이유로, '지금 전역을 준비하기에는 시기적으로 좀 빠른 것 아니야?'라는 생각으로 준비를 전혀 하지 않는 경우가 대다수이다. 적어도 3년이라면 느낌으로 언제까지 군 생활을 할 수 있을 것이라는 짐작이 선다. 또한 자신의 전역 시점을 알고 있다면 3년 정도면 충분히준비할 수 있는 시간이 된다고 할 수 있다. 그런데 보통 전역을 준비하는 시점을 규정상 정해 놓은 직업 보도반이라는 시간(9~12개월)으로 한정시켜 놓음으로써, 그 시기가 도래하기 전에는 미리 준비하지 않아도 된다는 생각들을 한다. 그 시기가 되었을 때 전역 준비를 해도 충분하다는 자기 합리화로 준비를 미루어 두는데, 이는잘못이다. 준비는 빠를수록 좋다.

그렇다면 구체적으로 무엇을 준비해야 하는가? 준비를 '공부'라는 말로 바꿔서 이야기하면 이해가 빠를 것이다. 적어도 3년 이상

한 발 더 앞서서 자신의 역량을 확장시키기 위한 공부를 해야 한다. 자신의 능력을 공부로 확장시키면서 군 생활을 조금 더 연장하고 자연스럽게 전역을 준비하는 일도 병행할 수 있는 것이다. 자신의 본분을 다하면서 공부도 함께 해야 하는 것이 필요하다. 그런 준비가 되어 있지 않으면 전역 후의 모습이 어떨지는 불을 보듯 뻔하다.

사실 실제로 준비한 기간은 1년밖에 안 되는 전역 예정자라도, 준비에 대한 필요성을 느낀 건 적어도 3년 이전이었을 것이다. 그 시점에서는 아무 생각 없이 허송세월을 보내는 것이 아니라 자신의 미래에 대한 또 다른 설계를 위한 공부가 절실히 필요하다. 그런데 많은 사람들은 그 기간을 준비 기간으로 보지 않고 그동안 힘들게 보낸 시간들로 보고 그에 대한 보상 심리로 마음 편히 지내려 하는 경우가 많다. 어려운 업무는 가급적 회피하게 되고, 대형 사고만 내지 않고 넘어가는 전형적인 복지부동, 무사안일의 자세가 대부분이다. 우스갯소리로 '대포중(대령을 포기한 중령)', '중포소(중령을 포기한 소령)'라는 은어들이 나오기도 한다.

그렇게 아까운 3년여의 시간을 하릴없이 보내고 명확한 목표도 설정하지 않은 상태에서 어떤 준비를 할까 고민만 하다가 새로운 전쟁터에 나오게 되면 공황이 발생하는 것이다. 주어진 시간에만 매달려 있기보다는 남들보다 한발 더 앞서 준비하고 자신을 더욱 업그레이드하려는 노력이 필요하다. 그래야 두 마리 토끼를 잡을 수 있는 것이다.

　전역 전·후의 3년이 왜 생존을 준비하는 골든타임인지 감이 올 것이다.

전역자가 꼭 준비해야 할 세 가지

첫째, 군대와는 다른 사회 환경에 대한 인식을 공유하고 모니터링을 하라.

전역을 앞두고 있는 사람들은 거의 대부분 사회 환경에 대해 아는 것이 없다고 할 수 있다. 빠르게 변해 가는 사회, 하루하루 수없이 쏟아지는 정보의 홍수 속에서 어떤 것이 자신에게 필요한 것인지조차 제대로 분간하지 못하는 경우가 많다. 바깥세상 사람들은 아침부터 열심히 뛰고 있는데 자신은 천천히 산책만 하고 있다. 동일한 목표를 향해 달린다고 했을 때 목표 지점과의 거리는 점점 벌어질 수밖에 없는데도 대수롭지 않게 생각하다가 갑작스럽게 전역을 하게 된다. 이처럼 많은 이들은 전역 후 진로 설정에도 그다지 관심을 가지지 않는다.

가 보지 않은 길을 가려다 보면 두 가지 감정을 느끼게 된다. 새로운 것에 대한 설렘도 있지만 막상 시작하는 데 따른 두려움이 큰 것도 사실이다. 군의 통제된 울타리 속 생활은 하루하루 일정한 흐름에서의 반복적인 삶이다. 군 생활은 사회처럼 원활한 소통이 아닌, 자못 폐쇄된 생활이 지배하는 곳이다. 사회의 문화는 군대 문화와는 많은 측면에서 다르다. 군에서 오랫동안 쌓아 온 군대 경력이 유일한 경력인데도 그것만 가지고 복잡다단한 사회에 적응하고 발맞추어 나갈 수 있을까? 그렇지 않기 때문에 정보력이 가장 중요하다.

전역 후 갑작스럽게 맞부딪치게 되는 사회 문화와의 만남은 생각보다 거부 반응이 클 수밖에 없다. 중장기 복무자에게 진로 설정보다 중요한 것은 군대와 다른 사회를 바라보는 시선과 변화한 사회 환경에 대한 인식을 공유하는 것이다. 지속적인 사전 모니터링을 통해 사회에 대한 거부감이 들지 않도록 하는 것이 매우 중요하다. 이는 전역 전에 반드시 준비해야 한다.

둘째, 남들보다 잘할 수 있는 것을 냉정하게 인식하고 찾아라.

군대 생활은 계급 사회이다. 획일화된 계급 구조 안에서 상명하복을 매우 중요하게 여긴다. 어쩌면 수많은 직업 가운데 가장 보수적이며 통제력이 강한 조직이 군대라 할 수 있다. 이러한 조직 안에서 창의성을 발휘한다거나 변화를 추구하는 사고를 가진다는 것은 어쩌면 불가능한 일일지도 모른다. 군대에서는 '한 방향 한목소리'라는 말을 많이 한다. 조직의 모든 구성원들은 개인적인 생각보다는 유사시에 일어날 전쟁을 억제하고 국민의 생명과 재산을 보호해야 한다는 공익 개념을 항상 염두에 두고 이에 따른 생활을 하고 있다. 이러한 바탕 위에 모든 것들이 한 가지 방식으로 통일되어 있으며, 그 모습 속에서 사고마저도 비슷할 것을 강요한다.

일사불란이라는 측면에서 '한 방향 한목소리'가 긍정적인 면이 없는 것도 아니다. 하지만 전역이 임박하여 전역 준비를 해야 하는 사람에게는 몸에 익숙해져 있는 군대 관습을 하루빨리 버리는 것이 좋다. 물론 바로 떨쳐 버리는 것은 무리가 있다. 개인적으로 자신이 잘할 수 있는 일이 무엇인가를 생각해 보아도 군에서 소위 주특기라는 직능으로 구별되는 많은 것들은 사회에서 요구하는 능력과는 차이가 크기 때문에 적성을 찾기가 쉽지 않다.

오히려 그렇기 때문에 스스로 가장 잘할 수 있고 가장 즐겁게 할 수 있는 일이 무엇인지, 자신의 능력을 잘 관찰하여 찾아내는 것이 중요하다. 어느 누구도 자신의 진로나 꿈에 대해 정해 주거나 조언해 주지 않는다. 오직 본인만이 판단하고 결심해서 나아가야 한다. 남들이 한다고 해서 그 방식을 맹목적으로 따라가는 식은 통하지 않는다. 사회도 그것을 요구한다. 자신만이 가지고 있는 전문성과 특기를 찾아내고 부단히 공부하여 차별성을 가져야 한다.

이런 준비는 전역 전 하루라도 빠르면 빠를수록 희망적이다. 현실을 직시하고 냉정하게 판단할 필요가 있다.

셋째, 생존 분야에 대한 1만 시간의 투자, 공부하라.[5]

군 생활을 마치고 전역을 하거나 전역이 예정되어 있는 간부들은 대부분 최소 5년에서 30년이라는 복무 기간을 가진다. 군대에서는 그 누구보다 자신이 하는 일에 대해 전문가라고 자부할 수 있을 것이다. 하지만 군에서 해왔던 일들이 사회에서 그대로 적용되는 경우는 매우 희박하다고 생각해야 한다. 군대에서의 보직이나 주특기를 요구하는 곳은 없다. 아무리 훌륭한 주특기나 우수한 직무 능력을 가지고 있다 하더라도 그 생활의 적용 범위는 군대 내에 국한되어 있다.

그렇다면 어떻게 해야 할까? 전역을 생각하고 준비하는 사람이라면 새로운 환경, 새로운 곳에서 당당하게 경쟁하고 생존하기 위해서는 얼마만큼의 시간과 노력을 투자해야 할지 생각될 것이다. 심리학자 말콤 글래드웰은 그의 저서 『아웃라이어』에서 "어떤 무엇인가에 대해 전문가가 되려면 1만 시간을 그것에 투자해야 한다"라고 하면서 '1만 시간의 법칙'을 제시하였다.

즉, 1만 시간을 투자하면 그 분야의 전문가가 될 수 있다는 것이

---

5) 어떤 분야에서든 탁월한 경지에 이르기 위해서는 1만 시간의 체계적이고 정밀한 연습시간이 필요하다는 법칙이 있다. 실제로 알려진 이들도 실제로는 자신의 분야에서 1만 시간 이상의 노력을 기울였으며, 거꾸로 일정한 재능을 갖춘 사람이라면 1만 시간의 훈련으로 탁월한 경지에 이를 수 있다는 주장이다. 신경과학과 심리학계에서 각종 사례 연구를 통해 체계화된 이 법칙은 2008년 11월 말콤 글래드웰의 베스트셀러 『아웃라이어(Outliers)』를 통해 대중적으로 알려졌다. 마이크로소프트사의 창업주 빌 게이츠와 베를린 음악아카데미 학생들의 사례가 소개된 적이 있다.

다. 1만 시간은 하루에 세 시간씩 10년을 노력하면 이루어지는 시간(하루 여섯 시간이라면 5년이 소요된다)이다. 박세리 선수는 우리나라 선수로는 처음으로 LPGA에서 우승했다. 그 후 많은 소녀들이 제2의 박세리를 꿈꿨고, 10여 년이 흐른 지금 1만 시간을 채운 숱한 선수들이 LPGA의 정상을 차지하고 있다. 여기에서 1만 시간은 단순히 무작정 시간을 채우는 것만 의미하는 것이 아니다. 자신의 능력을 오로지 거기에 쏟아붓는 시간이다. 이를 위해 무엇을 해야 할까?

우선 좋아하는 일을 찾는 것이 무엇보다 중요하다. 그러나 단순히 좋아하는 것에만 그쳐서는 안 된다. 실현 가능성이 있어야 하고, 자신의 능력과 재능에 대한 분석이 이루어져야 한다. 즉, 주어진 기간에 투입되는 노력의 산물이라 말할 수 있겠다. 기회는 그냥 주어지는 것이 아니다.

사회는 전쟁터를 방불케 하는 치열한 생존 현장이다. 자신이 군대에서는 전문가일지 모르지만 사회에서는 전혀 쓸모없는 존재일 수도 있다. 새로운 곳에서 생존하기 위해서 자신만이 갖는 새로운 주특기를 살리기 위한 절대적인 시간 투자와 공부가 절실히 필요한 이유가 여기에 있다.

수익률이 가장 높은 투자 수단
- 공부와 독서

우리는 태어나면서 죽을 때까지 '공부'라는 단어에 둘러싸여 살아간다. '공부(工夫)'의 사전적 의미는 '오랜 시간과 노력을 들여 지식이나 기술을 완성시키는 과정 혹은 결과'다. 말을 할 수 있게 되면서부터 공부가 시작되고 학창 시절에는 밤낮없이 공부와 함께한다. 이 공부는 입시를 위한 공부였겠지만 학교를 졸업하고 나서도 공부는 이어진다. 취직을 위해 공부하고, 진급을 위해 공부를 한다. 공부를 하지 않는다는 것은 결국 사회에서 낙오되는 것과 다름이 없기에 좋든 싫든 공부에 매진하는 것이다. 이 공부는 나이를 먹고 죽음을 목전에 두기 전까지도 우리의 곁을 떠나지 않는다.

결국, 인생을 살아가는 데 공부는 매우 중요하며, 죽기 전까지 해야 하고 할 수밖에 없는 것이 공부이다. 그런데 공부는 서두른다고 잘 되는 것도 아니고, 공부의 효과가 바로 드러나지도 않는다. 그렇다고 공부를 아예 하지 않는다면 사회생활을 해 나가는 데 적응하기도 어렵다. 자신이 까막눈이라면 얼마나 많은 어려움을 느끼겠는가? 그렇기 때문에 공부는 가장 필수적인 것이면서도 가장 하기 어려운 것일 수 있다.

이렇게 중요한 공부를 어떻게 해야 할 것인가? 무엇을 공부해야 할 것인가? 필자는 가장 기본이 되면서도 필요한 공부 방법으로 독서를 꼽고자 한다. 책을 통해 수많은 정보를 익힐 수 있고 세상을 살아가는 방법도 배울 수 있으며, 글쓴이가 제시하는 인생을 통해 세상을 살아가는 지혜를 배울 수도 있다. 살아가면서 직면하는 여러 문제나 의문을 스스로 해결할 수 있는 힘을 기르는 것도 독서를 통해서 할 수 있다. 많은 사람들은 어떤 문제가 주어지면 즉각적인 해답을 구하려고 한다. 물론, 즉각적인 해답이 있는 문제도 있다. 하지만 우리가 살아가는 과정에서 즉각적으로 해답을 구할 수 없는 문제들이 너무나도 많다. 그 문제에 대한 해답은 책을 통해서 찾을 수 있다. 독서를 통해 우리에게 마주친 근본적인 문제를 풀어 나갈 수 있다.

유명한 명장들도 독서를 생활화했다고 한다. 나폴레옹은 생의 절반을 전쟁터에서 살면서도 1년에 100여 권의 책을 읽었고, 중국 위나라의 지략가 조조도 30년 동안 군사들을 이끌면서 손에서 책을 놓은 적이 없었다고 한다.

헨리 데이비드 소로(Henry David Thoreau, 1817.7.12.~1862.5.6.)는 그의 저서 『월든』에서 이렇게 말한다.

"얼마나 많은 사람들이 한 권의 책을 읽고 자기 인생의 새로운 기원을 마련했던가.
우리의 기적들을 설명해 주고 새로운 기적들을 계시해줄 책이 어쩌면 우리를 위하여 존재할 가능성은 크다."

독서는 운동선수가 꾸준하게 연습하는 것과 비슷하다. 프로 선수가 매일 연습을 통해 자신이 가진 기술을 실전에 활용하면서 지속적으로 자신을 업그레이드하는 것처럼 꾸준한 독서는 자신의 지식과 능력을 향상시켜 나가는 과정이라 할 수 있다. 우리가 실용서를 읽는다고 가정해 보자. 실용서에는 그 책을 쓴 사람의 지식과 노하우가 담겨 있는데, 그 책을 읽음으로써 책을 쓴 사람이 오랜 기간 걸려 체득한 노하우를 간접적으로 전수받을 수 있는 것이다. 물론, 그 노하우가 자신이 하는 일과 직접적으로 관련이 없는 경우가 더 많겠지만 책을 통해 얻은 지식을 자신에게 맞는 방식으로 응용하고 실천한다면 적은 노력으로 더 빠른 시간 내에 자신이 원하는 바를 얻을 수 있을 것이다.

잉글랜드 프리미어 리그의 첼시 감독이었던 호세 무링요 감독이 세계적인 명장으로 이름을 얻게 된 것은 그의 취미인 심리학 서적

읽기에서 연유한다. 그는 많은 독서를 통해 얻은 지식으로 뛰어난 용병술을 펼치고 감독으로서의 재능을 펼쳐 보였던 것이다. 바둑 황제 이창호도 항상 책을 들고 다니면서 틈만 나면 독서를 했다고 한다. 발명왕 에디슨은 제대로 교육을 받지 못했다고 알려져 있지만 독서만은 게을리하지 않았다. 어린 나이에 세계사를 읽었고 유명한 명작까지 다 읽었다고 한다. 이처럼 성공한 사람들의 취미는 독서였다.

결국, 독서는 성공을 위한 뿌리이다. 뿌리가 튼튼한 나무는 열매도 많이 맺고 가지도 무성하다.

그런데 책을 읽지 않았다고 가정해 보자. 숱한 실패와 시행착오가 반복되면서 자신의 목표를 이루는 데 얼마나 많은 시간을 허비하게 될 것인가. 책 한 권을 읽음으로써 10만 원의 가치를 얻는다고 할 때 1년에 100권을 읽는 사람과 10권을 읽는 사람의 경제적 차이는 클 수밖에 없다. 세상에서 가장 위험한 사람은 책 한 권 읽고 덤비는 사람이다.

독서가 가장 쉬운 공부 방법이면서 중요한 것이라는 점은 알지만 실천으로 옮기는 경우는 드문 게 사실이다. 책을 읽을 여유가 없다는 변명이 앞선다. 그러나 정말 책 읽을 여유가 없을까? 인디언들은 적과 싸우다가 퇴각하는 중에도 자신들이 달려왔던 길을 되돌아보며 서 있다 가곤 한다고 한다. 자신의 육체가 너무 빨리 달려서 영혼이 미처 따라오지 못할까 봐 영혼을 기다린다는 것이다. 우리는 그동안 정신없이 달리기만 했고, 그 과정에서 삶의 의미나 정체성을 잃어버렸다. 여유가 있어도 그냥 무의미하게 보내는 사람과 바쁜 중에도 시간을 내어 틈틈이 책을 읽어 안에 무언가를 채워 넣는 사람을 비교해 보자. 십 년, 이십 년 후에는 상당한 지적(知的) 거리감과 능력의 차이가 생길 것이다.

'당신은 한발 먼저 공부하는 간부입니까?'

전역을 준비하는 이들이여. 지금이라도 빨리 독서를 시작하라. 그것이 전역 후 당신의 새로운 삶을 이끌어 줄 안내자가 될 것이다.

변화도 스펙이다

우리는 '변화'라는 말을 많이 한다. 지금의 모습이 '변화 없이 지속'되는 것을 원하는 사람도 있을 것이고, '지금과는 다른 모습으로 변화'하기를 원하는 사람도 있을 것이다. 그러나 대부분의 사람들은 변화를 원하지 않는다. 지금까지의 생활이나 삶의 방식에 안주하며 머물러 있기를 원하기 때문이다.

그러면 '변화'란 무엇인가? 우리의 일상적인 삶을 살펴보자. 어제와 똑같은 생각을 지금 하고 있다면, 어제의 24시간은 아무런 변화가 없는 생각에만 머무르고 있는 것이다. 1년 전과 똑같은 행동을 하고 있다면, 1년 동안 행동에 변화가 없이 그 상태를 유지하고 있는 것이다. 하지만 이 세상의 살아 있는 것들은 시간의 흐름에 따라 변화한다. 작은 새싹이 변화하여 나무가 되고 어린아이가 변화하여 어른으로 성장한다. 변화하지 않는다면 그것은 죽어 있는 것이나 마찬가지이다. 하루 동안, 1년 동안 변화 없는 상태가 유지되었다면 그 어떤 발전도 없이 그 상태에서 꿈쩍도 하지 않는 것이다. 물이 한 곳에 고여만 있다면 결국 썩어 버린다. 어제와 다름이 없는 오늘이라면 지난 시간은 죽어 있던 시간이다. 죽은 것은 스스로를 변화시키지 못한다.

사람도 마찬가지이다. 행동이나 생각이 변화지 않고 현재만을 고집하는 사람을 우리는 '고루한 사람'이라고 표현한다. 그런 사람들은 발전이 없고, 시간의 흐름에 따라 계속 뒤처질 수밖에 없다. 물론, 변화 없는 삶은 현재에 만족하는 삶을 추구하는 것이라고 생각할 수도 있다. 하지만 오늘날과 같이 시시각각으로 변화를 거듭하는 시대에 변화 없이 살아가다 보면 인간적인 삶의 영위가 불가능해질 수밖에 없다. 물론, 급변하는 주변 환경이 우리를 변화하게끔 만들어 가는 측면도 있다.

변화는 삶을 영위하는 데 수반되는 물리적 반응으로 볼 수 있다. 사실 대부분의 사람들은 '변화'의 개념을 단순하게 생각한다. 즉, '과거와는 다른 것'을 변화라고 인식하는 경우가 많다. 그런데 변화란, 과거는 잘못된 것이므로 바꾸라는 것이 아니다. 현재를 부정하는 것이 아니라 현재보다는 나은 방식으로 바뀌어 가는 것이다. 그럼으로써 변화하는 세상에서 살아남을 수 있는 것이다. 변화는 마음먹기에 따라서는 어려운 일이 아니다. 현재 자신이 처한 상황을 생각해 보고, 변화의 가능성은 있는지, 변화한다면 어떻게 변화해야 하는지를 따져 본 후 쉬운 것부터 가볍게 실천해 나갈 수 있다.

강상중 교수는 『고민하는 힘』이라는 책에서 다음과 같은 말을 했다.

"1950년대 이후만을 볼 때, 경제의 개념과 사상, 테크놀로지 등은 유행이 바뀌는 것처럼 눈부시게 변해 왔습니다. '변하지 않는 가치'와 같은 것은 거의 사라지고 말았습니다. 문제는 이런 상황에 맞춰 인간 또한 변해야 한다는 것입니다. 과거의 생각에 빠져 있으면 뒤처지고 맙니다. 지금의 상황을 다른 말로 하면 '죽느냐 사느냐'가 아니라 '죽느냐 변할 것이냐'로 표현할 수 있습니다."

이러한 변화는 마음으로부터 시작되어야 한다. 즉, 생각의 전환을 통해 현재에 만족하지 않고 자신을 발전시키고자 하는 의지로부터 시작되어야 한다. 마음을 바꾸기로 결심했다면 지금까지의 자신의 습관을 바꾸어 보자. 물론, 이 과정이 쉽게 이루어지지는 않는다. 바꾸는 것 자체를 원하지 않는 내면적 갈등, 귀찮음, 게으름 때문에 오랜 기간 고민도 하고 망설이기도 할 것이다. 또한 변화를 추구하는 과정에서 잃게 되는 시간, 돈 등에 대한 미련이 변화를 추구하는 데 걸림돌로 작용할 수도 있을 것이다. 하지만 이런 장벽들을 극복하고 변화를 추구했을 때 행동이 바뀐다. 그리고 지속적인 노력의 결과 자신의 운명이 변화할 수 있게 되는 것이다.

기업이나 회사에 변화를 적용시켜 보자. 1년에 한 번 발표하던 신제품을 두 번 발표하는 것, 시장의 변화 추이를 분기별로 점검하다가 1주일, 또는 일자별로 모니터링하여 대응책을 만드는 것 등이 이에 해당한다고 할 것이다. 이는 기업을 경영하여 매출을 신장시키기 위한 변화인 것이다.

변화를 개인에 적용시켜 생각해 보자. 지금까지 모든 일을 나 혼자 처리하다가 다른 사람에게 문의하고 조언을 받아 처리했다면 큰 변화에 해당한다. 가족들과 한 달에 한 번 외식을 하다가 한 달에 두 번 외식을 하는 것도 변화이다. 지금까지 과일을 팔다가 다음 달부터 컴퓨터를 팔기로 했다면 이는 혁신적인 변화에 해당한다. 물론, 혁신이 성공하면 주위 사람들로부터 찬사를 받겠지만 반대로 실패할 확률도 높다.

이렇듯 '변화'의 의미는, 하는 일의 근본은 같지만 그 일을 대하는 태도나 행동 양식이 바뀌는 것을 말한다.

변화는 필요하다. 그런데 변화하기로 결심했다면, 그 변화가 성공적인 변화이기를 원한다면 비전을 세워야 한다. 비전이 있는 사람은 어떤 상황이 닥쳐도 당황하지 않고 자신의 뜻대로 일을 추진해 나간다. 또한 비전을 세우면 자신이 추구하는 목표가 있기 때문에 그 목표를 위해 매진하게 되며, 어려움이 닥쳐도 인내할 수 있도록 붙들어 매고 계속 도전할 수 있는 동기를 부여한다. 그 과정을 통해 자신의 삶을 비전이 이끄는 삶으로 이끌 수 있는 것이다.

전역 이후 마땅한 일거리를 찾는 사람이 많다. 그러나 변화에 대한 사전 준비 없이 일거리를 찾을 수 있을까? 변화의 과정에서 겪게 되는 시행착오나 어려움을 어떻게 극복할 것인가?

그러나 변화에 대한 준비를 '어느 정도' 마련하는 것만으로 성공적인 삶을 영위하기는 힘들다. 명확한 비전을 설정해 놓지 않는다면 기준이 없어 어느 곳에 집중적으로 매진해야 할지 모르므로 업무 수행이 효율적으로 이루어질 수 없다. 또한 매일 분주한 삶을 살지만 시간과 비용만 까먹고 성과는 미미할 것이다.

이제 전역을 얼마 남겨 놓지 않은 사람들, 그리고 전역 군인들은 변화에 대한 대비가 얼마나 되어 있는가? 자신의 명확한 비전은 설정해 놓았는가? 변화에 대한 준비나 비전도 없이 이곳저곳 기웃대다가 선택한 자영업이나 영업직에 머물러 있을 것인지, 아니면 철저한 사전 준비와 공부를 바탕으로 명확한 비전을 갖고 프로가 되어 미래를 꾸려 갈 것인지는 자신에게 달려 있다.

비전은 우리에게 주어진 재능과 이력에 많은 시간과 노력을 기울이게 한다. 그러나 이러한 노력은 영향력 있는 사람으로 거듭날 수 있는 장밋빛 미래를 보장해 줄 것이다.

잘하는 일을 찾아라

가치 있는 존재, 가치 있는 사람, 가치 있는 물건, 가치 있는 책, 가치 있는 투자……:

우리는 '가치'에 대하여 매우 중요하게 생각한다. 고도로 분업화된 세상 속에서 자신의 성과를 자신의 두 눈으로 확인하기 어렵기 때문이다. 자기만의 '가치'가 무엇인지 확인할 방법이 없는 것이다. 과거 농경사회에서 '가치'라는 것은 뿌린 대로 거두는 것이었다. 산업화 시대에서는 땀 흘린 만큼 얻는 것이었다. 하지만 지금은 컴퓨터와 스마트폰으로 모든 것이 전산·자동화되는 지식정보사회로, 자신의 노동의 대가는 확인할 방법이 없어졌다. 모든 것은 '월급'이라는 급여의 '총량'으로만 정해져 매 월마다 돌아올 따름이다.

고도로 분업화되어 있는 사회, 조직 속에서 직장인들이 자신만의 '가치'를 찾아내기란 여간 어려운 일이 아니다. 게다가 일에 대한 가치를 느끼기도 전에 엄청난 변화를 직면하게 된다. 하루가 다르게 변화하는 기술, 하루가 다르게 전문화된 지식과 나보다 뛰어난 자격을 가지고 치고 올라오는 후배들을 보면서 이대로 가면 힘들어지겠다는 위기감이 팽배해진다. 정신없는 변화와 경쟁에 직면한 상태에서 자신이 잘하는 일을 한가하게 찾을 수 있는 기회는 점점 줄어들고 있다.

'가치'라는 단어를 쓰다 보니, 자아실현의 욕구를 연구한 매슬로우(A.H Maslow, 1908~1970)를 떠올릴 수 있다. 인간이 가지고 있는 욕구 5가지를 구조화한 미국의 심리학자로 그에 의하면 인간의 욕구의 가장 상단에 '자기실현의 욕구'가 있음을 발표하였다.

자아 실현 욕구
(자아 개발 및 자아발견)

자존 욕구
(자존감, 인정, 지위)

사회적 욕구
(소속감, 사랑)

안전 욕구
(안전보장, 보호)

생리적 욕구
(배고픔, 갈증)

이것은 다시 말해서 자신의 존재가치를 끊임없이 발견해나가는 욕구라고 말할 수 있다. 매슬로우는 자신의 이론을 증명하기 위해 실제로 자아실현에 성공한 사람들을 조사하여 그들의 특징을 발표하기도 했다.

다음은 매슬로우가 발견한 자아실현에 성공한 사람들의 공통된 특징들이다.

1. 현실 중심적이다(reality-centered)

거짓, 가짜, 사기, 허위, 부정직 등을 진실로부터 구별하는 능력이 있다.

2. 문제 해결 능력이 강하다(problem-centered)

어려움으로부터 도망가려 하지 않는다. 오히려 어려움과 역경을 문제 해결을 위한 기회로 삼는다.

3. 수단과 목적을 구분한다(discrimination between ends and means)

목적으로 수단을 정당화하지 않으며, 수단이 목적 자체가 될 수도 있다고 생각한다. 즉, 과정이 결과보다 더 중요할 수 있다는 자세를 갖는다.

4. 사생활을 즐긴다(detachment: need for privacy)

남들과 함께 하는 시간보다는 혼자 있는 시간에 종종 더 편안함을 느낀다.

5. 환경과 문화에 영향을 받지 않는다(autonomy: independent of culture and

environment)

주위 환경에 의해 쉽게 바뀌지 않는다. 자신의 경험과 판단에 더 의존한다.

6. 사회적인 압력에 굴하지 않는다(resistance to enculturation)

항상 사회에 순응하며 살진 않는다. 겉으로는 평범해 보이지만, 속으로는 반사회적인 심리나 부적응자의 심리를 갖고 있기도 하다.

7. 민주적인 가치를 존중한다(democratic behavior)

인종, 문화, 개인의 다양성에 열린 자세를 취한다.

8. 인간적이다(Gemeinschaftsgefuhl: social interest)

사회적 관심, 동정심, 인간미를 지니고 있다.

9. 인간관계를 깊이 한다(intimate personal relations)

수많은 사람들과 피상적인 관계를 맺기보다는 가족이나 소수의 친구들과 깊은 관계를 유지하는 것을 선호한다.

10. 공격적이지 않은 유머를 즐긴다(sense of humor)

자기 자신을 조롱하는 듯한 유머를 즐겨 사용한다. 남을 비웃거나 모욕하는 유머는 삼간다.

11. 자신과 남을 있는 그대로 받아들인다(acceptance of self and others)

남들이 자신을 바라보는 시선이나 태도에 연연해 하지 않고 자신을 있는 그대로 바라본다. 남에게도 마찬가지. 남을 가르치거나 바꾸려 하지 않고, 자신에게 해가 되지 않는 한, 있는 그대로 내버려 둔다.

12. 자연스러움과 간결함을 좋아한다(spontaneity and simplicity)

인공적으로 꾸미는 것보다는 있는 그대로, 자연스럽게 표현하는 것을 더 좋아한다.

13. 풍부한 감성(freshness of appreciation)

주위의 사물을, 평범한 것일지라도, 놀라움으로 바라볼 수 있다.

14. 창의적이다(creativeness)

창의적이고 독창적이며 발명가적 기질이 있다.

15. 최대한 많은 것을 경험하려 한다(peak experience, mystic experience)

학문, 종교, 철학, 스포츠 등 경험의 정점에 다다르기를 좋아한다. 경험의 순간이 최고조에 달했을 때 초월적인 기쁨과 자유를 느낀다. 그리고 이 경험이 머리에 남아 계속 그 경험을 쌓으려 노력한다.

자아실현에 성공한 사람, 가치를 만드는 사람의 특징을 한두 가지로 요약하기는 힘들겠으나 어찌 되든 그들은 자아를 실현하기 위해 노력하고 있고 자신들의 행동에 뚜렷한 가치관을 가지고 있음을 알 수 있다.

자신의 가치 토대 위에 자신이 잘하는 일을 찾는 것은 중요하다. 그럼 어떻게 자신이 잘하는 일을 찾을 수 있을까?

무엇보다 여러 가지를 해 봐야 한다. 군대의 경험이 모든 것을 대변하지 않는다. 시대가 변했다. 군대에서 정말 많은 경험을 하지만, 정작 자신이 잘하는 일인지 아닌지 확인할 방법이 없다. 그럼 자신이 정말 잘하는 일을 찾기 위해서 여러 가지를 해 보는 수밖에 없다.

어른들은 젊은이들에게 여러 가지 일을 해 보라고 권장한다. 아르바이트, 공사판 막노동……. 여러 가지 경험이 인생의 밑거름이 되기 때문이다. 이제 나이가 어느 정도 들어서 여러 가지를 시도할 겨를이 없어졌다. 그렇다면 상상이나 예측을 통·해서 알아보는 방법도 유효하다. 책은 상상이나 예측의 가능성과 폭을 넓혀준다.

단, 많은 일을 경험할 때 주의할 점은 '돈'이 기준이 되어서는 안 된다는 것이다. 돈을 위해서 일하거나 돈이 가치선택의 중심이 될 때 우리가 정말 잘하는 일이 무엇인지에 대한 판단이 흐려지게 된다.

여러 가지 경험을 하기 어려워지거나 현실적으로 불가능하다면, 많은 선배, 후배, 주변 지인들에게 묻고 또 물어봐야 한다. 그들의 경험을 빌리고 조언을 구해야 한다. 처음부터 자신에게 맞는 일을 쉽게 찾는 것은 무척 드물다. 자기가 잘할 수 있을지 없을지에 대하여 먼저 경험해 본 사람들에게 조언을 구해보면 대략적인 힌트를 얻을 수 있다. 나는 행정사 법정실무교육을 받으면서도 행정사라는 것이 무엇인지 정확히 몰랐다. 말만 그럴듯한 자격인지 도무지 판단할 기준을 찾지 못해서 직접 행정사를 찾아가 양해를 구하고 하루 종일 일을 거들며 무슨 일을 하는지 도와본 적도 있다. 그리고 내가 잘할 수 있을지 없을지 관찰하였고 그 결과 무척 내게 맞는 일이라 생각하여 과감하게 도전할 수 있었다.

전역자의 뼈저린 조언 2

✚ 공부와 독서는 별개가 아니었다. 나는 공부가 문제 풀이, 시험 치기 정도라고 생각했다. 하지만 공부라는 것은 그런 종류가 아님을 알게 되었다. 독서가 바로 공부였다.

제갈량은 초야에 묻혀 밭을 갈고 살다가 유비의 삼고초려 끝에 세상으로 나온다. 제갈량에게는 특별한 경력도, 이력도, 스펙도, 자격증도 없었으나 온갖 지략으로 천하를 쥐락펴락했다. 그 저력은 자격증에 있던 게 아니었다. 제갈량은 독서를 했을 뿐이다.

✚ 독서도 독서 나름이다. 나 같은 경우 처음에는 추리소설을 즐겨 읽기 시작했다. 그 후에는 재테크 서적, 자기계발서 등도 가리지 않고 열심히 읽었다. 하지만 그런 책을 열심히 읽는다고 갑작스레 부자가 되는 것도, 뛰어난 능력을 갖게 되는 것도 아니었다. 늘 생각은 언저리에 머물러 있었던 것이다. 요리책을 한 권 본다고 요리사가 되는 게 아닌 것처럼 말이다.

나의 가장 큰 문제는 독서 습관과 질에 있었다. 게다가 읽는 책도 1년에 몇 권 되지 않았다. 제일 먼저 한 일은 무작정 1년에 100권의 책을 읽기였다. 많이 읽다 보니 내게도 독서 습관이 길러졌다. 책 읽는 습관은 누구나 기를 수 있는 것이다. 그러자 자기계발서와 잡지를 넘어서 시, 소설, 수필, 역사, 인문 고전에 이르기까지 독서 범위가 점차 깊고 넓어졌다.

책 읽는 습관부터 기르자. 한 달에 핸드폰 비를 얼마나 내는가? 그에 비해 책값은 얼마나 쓰는가? 스마트폰을 끄고 책을 열자. 검색이 사색보다 결코 좋을 리가 없다.

전역 준비를 지원해 주는 전문 기관(컨설팅 업체)이 있다는 것을 미리 알았더라면

많은 사람들은 전역을 사전에 준비하기 위해 공부를 한다는 데 대해서 공감하지 않는다. 그러나 목마른 사람이 샘물을 찾는 법이다. 우리 군에는 전역을 앞두고 있는 전역 대상자들을 지원해 주는 전문 기관이 있다. 하지만 그곳이 어디인지, 어디에 있는지, 어떤 것을 지원해 주는지 아는 사람은 흔치 않다. 물론, 알려주는 사람 또한 희소할 수밖에 없다. 전역 대상자들을 위해 각종 컨설팅, 다양한 프로그램을 지원하는 기관이 있다. 국방전직교육원, 국가보훈처와 전국 지역별(7개소)에 제대 군인 지원 센터가 있는데, 사실은 나도 군 생활 21년이 지나 직업 보도반에 들어가서야 그 사실을 알게 되었다. 미리 이러한 것들을 알았더라면 좀 더 효율적이고 짜임새 있는 전역 설계를 통해 효율적인 준비를 하지 않았을까 하는 아쉬움이 남는다.

제3장 실전 편

실전 가이드

일은 머리로 세운 계획대로 진행되지 않는다.
현실의 그 '무엇'이 먼 길을 가장 짧은 길로 만들어 준다.

그것이 무엇인지는 사전에 알 수 없으며,
현실에 발을 내디뎠을 때 비로소 알게 된다.

- 니체(Nietzsche), 『방랑자와 그 그림자』 중에서

직장의 개념을 확 바꿔라

　나는 초등학교부터 중학교, 고등학교까지 학교에서 줄곧 공부를 했다. 왜 학교에 다니고 학교에서 공부했을까를 생각해 보니, '공부는 당연히 하는 것'이라는 생각이 자리 잡고 있었던 것 같다. 대학교에 진학해서는 생각이 바뀌어 좀 더 전문적인 공부를 해서 학위를 취득하기 위해 공부를 했었다. 하지만 오늘날 그러한 생각들은 공부를 하는 데 큰 의미가 없어져 버렸다.

　고등학교에 다니는 한 학생에게 다음과 같은 질문을 던져 보았다.

"너, 왜 공부를 한다고 생각하니?"
"좋은 대학 가려고요."
"좋은 대학? 좋은 대학 나오면 달라지는 게 있나?"
"좋은 회사에 취업할 수 있잖아요."
"왜 좋은 회사에 취업해야 하지?"
"연봉이 높잖아요."

"그래서?"

"돈을 많이 벌어 좋은 배우자를 만나 집도 사고 결혼도 해야죠."

공부하는 이유가 부와 지위를 얻기 위해서임을 알 수 있다. 이는 극소수의 사람들만이 지닌 생각이 아니고, 오늘날 대다수의 사람이 추구하는 '보통'의 삶을 유지하기 위한 것이다. 결국, 단순히 학위를 따기 위해서 공부하는 시대는 지나고, 공부가 생존의 문제가 되었다.

공부를 한 사람들이 부와 지위를 누릴 수 있다는 것은 현재까지도 우리 사회의 주된 인식이기도 하다. 이는 직장의 관점에서 보더라도 그러하다. 기업에서는 몸집을 불려서 시장을 장악하고 사세를 확장하던 시기에는 많은 신입사원을 고용해야 했고 그 상황에서 좋은 학벌이 신뢰할 만한 잣대로 작용하였다. 또한 먹고사는 것이 지금보다 훨씬 어려웠던 시절이었기에 좋은 직장에 들어가서 높은 연봉을 받음으로써 기본적인 욕구를 충족시키는 것이 사람들의 바람이었다.

직장 생활을 하면서도 승진이라는 제도가 있어서 승진을 통해 연봉이 높아지면 더 높은 생활의 질을 추구할 수 있었고, 그것이 행복의 척도였다. 이때까지만 해도 '평생직장'이라는 말이 먹히는 세상이었다. 그래서 공부를 열심히 해서 좋은 대학을 나와 좋은 직장에 들어가게 되면 풍족하고 행복한 삶을 영위할 수 있다는 논리가 통했다. 그러나 이제 그런 논리는 잘 통하지 않는 시대가 된지 오래다.

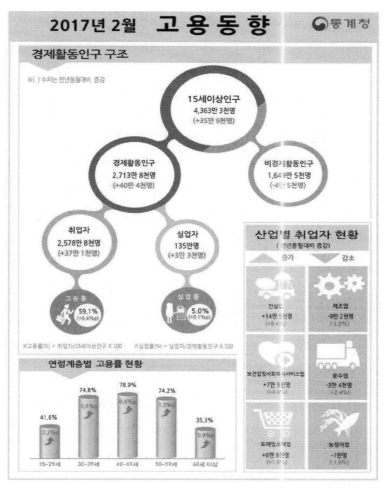

출처: 통계청 2017년 2월 고용 동향

군복을 벗어야 양복을 입을 수 있듯이, 오늘을 벗어야 내일을 입을 수 있다. 어제를 소비하여 오늘을 만들었듯이, 오늘을 버려야만 내일을 맞이할 수 있다. 우리가 군대에 있는 동안 세상은 너무나 많이 바뀌었다. 그리고 직장의 개념도 바뀌었다. 지금은 영원한 직장, 영원한 조직이란 것은 사라졌다. 나 스스로가 1인 기업이라는 사실을 인정해야 한다.

우리 사회는 최근 20~30년 사이에 너무나 많이 변했다. 공부의 목적도 더 이상은 유효하지 않은 시대가 된 것이다. 대학이 너무 많아지면서 대학 졸업장도 예전만큼 인정을 받지 못할 뿐만 아니라, 기업에서는 대졸 신입 사원 채용을 줄여 안정적인 취업 자리는 점점 줄어들고 있다.

거기에 청년 실업률이 12%대를 넘어서 역대 최고치를 기록하고, 전체 실업률도 5%라는 높은 수준에 달하면서 고용 관련 지표가 전체적으로 악화하는 모습을 보이고 있다. 이는 고용 시장이 꽁꽁 얼어붙은 데에서 연유하는데, '좋은 일자리' 비율이 높은 제조업 취업자 수는 계속 줄어들고 있다. 이는 산업 구조 조정과 경기 부진의 여파로 추정된다.

거기에 현재 직장에 다니고 있는 사람 다섯 명 중 네 명은 자신이 지금 하고 있는 일이 평생 직업은 아니라고 생각하고 있다. 실

제 직장인과 구직자의 절반 이상이 이미 대한민국에서 '평생직장'
은 사라진 지 오래라고 입을 모았다.

출처 : 잡코리아 취업뉴스, 2016-07-15

 1996년 영국 정부에서 발표한 노동 시장의 유연성에 대한 보고서
에 따르면, 조직 내에서 근무하는 비정규 근로자들의 비율은 실업
률을 제외하고 1985년 37%, 1995년 43%, 2005년 46.5% 정도로 추
산되는데, 그 비율은 앞으로도 더욱 늘어날 것으로 전망됐다. 영국
에서의 평균 직장 근무 연수는 약 6년 정도에 머물고 있어 '영구직'
이라고 하기에 적합하지 않다. 이제 영원한 직장은 없는 셈이다.

 사실 경제생활을 영위할 수 있는 방법이 직장에 다니면서 월급
을 받는 것만 있는 것은 아니다. 자영업도 있고, 자신의 재능을 돈
과 바꾸는 방법도 있다. 이러한 방법은 월급이 아니라 스스로 돈

을 버는 일에 익숙해지기 위한 시도에 해당한다. 그러나 이를 위해 무작정 직장을 뛰쳐나오라는 것은 아니다. 실제로 이러한 일들을 하는 것이 쉽지는 않기에 철저한 준비가 필요하다. 중요한 것은 스스로 인생을 설계하는 것이다. 공부는 여기서부터 시작된다.

Tip | 나는 어떻게 공부했나?

이시형 박사는 『공부하는 독종이 살아남는다』에서 "당신의 미래는 오늘 무엇을 공부하느냐에 따라 달라진다"고 설명한다. 군에 몸담을 때는 오로지 내가 가진 주특기 전문화에 힘을 쏟았다. 그러나 전역 준비를 해야 한다고 인식을 전환하는 순간 사회에서 경쟁력 있게 살아남을 수 있는 일을 해야겠다는 생각을 했다. 그 첫 번째 선택이 심리학이었다. 필자는 비록 사이버 대학이지만 학부 과정부터 다시 공부를 하기 시작해 상담심리대학원 졸업 예정('17년 8월)이다.

심리학과 관련한 다양한 분야에 대해 3년이 넘는 시간을 할애해 공부하여 관련 분야에 대한 전문성을 키웠는데, 그것이 지금의 한국심리평가원에서 일을 하게 된 결정적인 계기가 되었다. 나는 군에서 융통성이 없다는 얘기를 많이 들었다. 그 때문에 무엇보다 처세술에 대한 중요성을 깨닫게 되었고 심리학 공부를 하면서 대인 관계의 중요성을 다시금 깨닫게 되었다. 독서를 통해서는 사람들은 무엇에 관심을 갖는지, 어떤 일을 하고 싶어 하는지, 현재 각광받고 있는 직업은 무엇인지, 기피되는 직업은 무엇인지 등 사회 문화에 대해 공부를 하였다.

숨어 있는 재능을 깨워 내라

처음 임관하기 전 훈련소에 입소할 때를 상기해 보자. 아무리 공부를 잘하고 일류 대학을 졸업했어도 처음 군에 입대할 때의 모습은 그야말로 엉성하기 짝이 없다. 모든 환경은 새롭고 낯설기만 하기에 모든 것을 일일이 새로 익히고 터득해야 한다. 전투복 입는 법을 위시하여 식사하는 것, 세탁하는 것, 일어나서 모포 정리하는 것들이 새롭다. 사회에서 전혀 해 보지 않은 것은 아니지만 환경이 완전히 바뀌어 버린 상황이다. 로마에서는 로마법을 따르라는 말처럼 철저히 군대식으로 나를 바꾸어야 한다. 아주 세세한 부분까지 사회에서의 행동과 생활방식을 내려놓고 적응하지 못하면 남은 군 생활이 가시밭길이 되리라는 것은 불을 보듯 뻔하다.

군 생활에 적응하지 못하는 이들을 일컬어 소위 '고문관'이라고 한다. 한번 고문관으로 낙인이 찍히면 오랜 시간 동안 꼬리표처럼 따라다닌다. 이러한 고문관은 사회생활에서도 예외가 없다. 고문관이라는 표현만 안 쓸 뿐 10여 년 이상 군 생활을 하고 사회에 첫

발을 내디뎠을 때 완전한 체질 개선이 되지 않고서는 사회 고문관이 되기 십상이다.

필자는 스스로 컴퓨터와 각종 전자기기들을 원활히 다루는 데 상당한 시간이 걸렸다. 이제는 제법 어렵지 않게 컴퓨터와 스마트 기기들을 모두 이용하고 있다. 분명한 것은 전역과 동시에 군 생활에서의 생각과 방식, 태도 등을 리셋하는 마음으로 새롭게 출발해야 한다는 사실이다.

그러면 어떻게 새 출발을 해야 할까? 수요(일자리)는 적고 공급(취준생, 취업 예비군)은 넘쳐나는 상황에서 나는 어떻게 해야 할까? 그렇다. 바로 차별화를 고민해야 한다. 다 고만고만한 취준생들 사이에서 차별화를 할 수 있다면 확실히 눈에 띌 수 있다.

고리키는 "일이 즐거우면 인생은 낙원이다. 일이 의무라면 인생은 지옥이다"라고 했다. 어떻게 해야 일이 즐거울 수 있을까? 일을 할 때는 자신이 관심을 가지는 부분에 더 집중하기 마련이다. 일한다는 것을 직업과 관련시켜 보자. 직업을 선택할 때에는 자신의 가치나 신념이 중요하게 작용한다. 이는 생활신조와도 관련이 있다. 정직, 성실, 근면, 열정, 노력, 친절 등 생활신조는 다양하며, 자기 소개서에서 이 부분을 강조해서 작성하기도 한다.

일을 할 때 자신의 재능을 드러낼 수 있는 것만큼 바람직한 것이 또 있을까? 자신의 재능이 드러날 수 있는 일을 한다는 것은 행복이다. 이 재능은 누구나 가지고 있는 것으로서, IQ와는 다르다.
가드너(Gardner)는 '다중 지능 이론'을 제시하면서 언어 지능, 논리,
수학 지능, 음악 지능, 공간 지능, 신체 운동 지능, 대인 지능, 자성
지능을 밝히고 있는데, 이들 지능 선별 준거를 정리하면 다음과
같다.[6]

(1) 언어 지능: 음운, 어문, 의미 등의 복합적인 요소로 구성되어
    있는 언어의 여러 상징체계를 빠르게 배우며, 그에 관련된
    문제를 해결할 수 있고 그러한 상징체계들을 창조할 수 있
    는 능력

(2) 논리·수학 지능: 숫자나 규칙, 명제 등의 상징체계들을 숙달
    하고 창조하며, 그에 관련된 문제를 해결할 수 있는 능력. 즉,
    추상적인 관계를 인식할 수 있는 능력

---

6) 인간의 지적 능력을 다양하게 바라보는 시각으로 인간의 다양한 능력을 제대로
   평가하고 계발시키고자 하는 노력은 1970년대 말부터 학문적으로 체계화되기 시
   작했으며, IQ 및 EI의 개념을 아우르고 단점을 극복하는 지능 이론이 성립되었
   는데 그것이 바로 다중 지능 이론이다. 하워드 가드너(1943~)는 어떤 분야에서 성
   공하기 위해서는 언어 지능이나 논리·수학 지능만이 영향을 주는 게 아닌데도 불
   구하고 두 지능만 지나치게 강조하고 다른 지능을 등한시했다고 비판하였다. 또한
   전통적인 지능 검사가 논리·수학 지능, 언어 지능, 공간 지능만 측정하고 다른 지
   능은 측정하지 않는다는 점에서도 비판하였다. 가드너는 다중 지능 이론을 제안
   하면서 지능을 '한 문화권 혹은 여러 문화권에서 가치 있게 인정되는 문제를 해결
   하고 산물을 창조하는 능력'이라고 정의하고 인간에게는 아홉 개의 다양한 지능
   이 있으며, 이를 통해 인간의 다양한 잠재력을 파악하고자 했다.

(3) **음악 지능**: 가락, 리듬, 소리 등의 음악적 상징체계에 민감하고, 그러한 상징들을 창조할 수 있으며, 그와 관련된 문제를 해결하는 능력

(4) **공간 지능**: 시각적·공간적인 정보를 인식할 수 있는 능력, 정보를 전환하고 조성할 수 있는 능력, 기본적인 물리적 자극 없이도 시각적 상을 재창조할 수 있는 능력

(5) **신체 운동 지능**: 운동이나 그 밖의 신체 활동을 하기 위해 자신의 신체를 세련되게 통제할 수 있는 능력과 사물을 조작하는 능력

(6) **대인 지능**: 다른 사람들이 가진 감정, 신념, 의도를 인식하고 구별하는 것뿐 아니라 대인 관계에서 생기는 문제를 해결하고 사람들을 동기화시킬 수 있는 능력

(7) **자성 지능**: 자기 자신의 감정을 구별하는 것을 핵심 과정으로 하는 능력. 더 나아가서는 자신의 능력을 인정하고 자신과 관련된 문제를 잘 풀어내는 능력

그 밖에 자연 친화 지능, 실존적 지능이 있다.

결국, 인간에게는 기존의 IQ 능력 외에도 다양한 재능이 있다는 것이며, 이것을 발굴하여 직업화하는 것이 핵심이다. 군인들의 경우 대인 지능, 공간 지능, 신체 운동 지능이 매우 높은 편이다. 그런데 지능 영역과 직업은 1:1의 대응 관계를 이루는 것이 아니라 하나의 지능이 여러 분야에 걸쳐 두루 활용되는 경우가 대부분이다. 음악 분야에는 음악 지능이 필요한 것이 당연하지만 신체 운동 지능이 있다면 악기를 잘 다룰 수 있다. 악단의 단장은 수많은 악기 연주자나 스태프들과 호흡을 맞추고 그들을 이끌 수 있는 대인 지능까지 갖춘 사람이다.

누구든 자신이 좋아하는 분야가 따로 있다. 자신이 좋아하는 일을 하고 있으면 시간의 흐름에서 벗어나고 더 나아가서는 자신의 존재마저 잊게 되는데, 이를 '몰입'이라 한다. 또한 인간은 자기가 하기 싫은 일을 억지로 할 때는 절대로 몰입의 경지에 빠질 수 없다. 어렸을 때 전자오락에 빠져 밤을 새워 오락을 하던 것도 그런 몰입의 일종이다. 국가대표 선수가 경기장에 섰을 때, 가수가 무대 위에서 열창을 할 때, 바둑의 신이 바둑판을 마주 대했을 때 느끼는 가슴 벅찬 감정 상태와 진지함이 바로 몰입인 것이다.

따라서 창업을 할 때나, 새로운 분야에 도전해야 할 때 나의 재능이 무엇인지 발견하고 거기에 몰입하는 것이 성공의 지름길이다. 구본형 선생은 『익숙한 것과의 결별』이라는 책에서 다음과 같은 말을 했다.

> 삶은 그저 '생존하는 것' 이상이다. 생존이 우선적 문제가 될 때,
> 우리는 비참해진다. (중략) 진정한 실업은 청춘을 바친 직장에서
> 쫓겨나는 것이 아니다. 자신을 위해 하고 싶고, 할 수 있는 일을
> 찾지 못하는 것이다."

어제보다 좀 더 나은 자신이 되기 위한 노력을 게을리하고 주어진 하루 동안 치열함으로 성실하게 임하지 않는다면 아무것도 할 수 없다. 자신이 좋아하고 잘하는 것을 찾아내어 날개를 달아 줄 수 있을 때 더 높이 비상할 수 있을 것이다. 이런 생각만으로 가슴이 벅차오르지 않는가? 지금 필요한 것은 익숙한 것과 결별하는 것이다.

Tip | 전역 군인에게 필요한 공부란 무엇일까?

특정한 지식을 쌓는 일이 중요한 건 아닌 듯싶다. 우선 중요한 것은, 전역 후 곧바로 맞닥뜨릴 사회의 흐름에 대한 공부가 우선되어야 한다. 생각보다 군인들은 사회에 대한 물정을 잘 모른다. 결코 그들을 비하하거나 무시하는 것이 아니다.

나는 군 생활을 하면서 대중교통을 이용하는 단순한 것조차도 거의 하지 않는 상태였다. 어디를 가든 승용차를 이용했다. 사회에 나오기 전 버스나 지하철에서 교통카드를 이용하는 등 대중교통 수단을 원활히 사용할 수 있게 되기까지 상당한 시간이 걸렸던 것 같다. 생활 속에서 이루어지는 은행업무를 보는 일, 공공기관에서 하는 각종 증명서 발급 등의 행정업무에서부터 세무 관련 일 등은 누가 대신해주지 않으므로 스스로 배워야 할 일들이다. 대인 관계에 대한 공부도 무엇보다 중요하다. 철저히 상하 복종 관계, 계급 구조로 되어 있는 조직 속에서 원활한 의사소통을 갖는다는 것이 처음부터 불가능한 일인지도 모른다. 사회에서 역시 조직의 특성상 적용되는 곳들이 많다.

하지만 많은 조직에서는 소통의 중요성을 깨닫고 수직이 아닌 수평 관계를 유지하려고 애쓴다. 군과 다른 사회에서 대인 관계를 시작한다는 것은 그야말로 무방비한 상태로 지뢰밭에 들어가는 것과 다를 바 없다.

어려울수록 비춰 주는 등대 '비전'

직업 군인들의 전역 시 연령은 40~50대이다. 우리나라의 평균 수명은 80세가 넘기 때문에 나머지 30~40년 이상은 새로운 사회생활의 삶을 보내야 한다. 군 생활을 할 때만 해도 군인으로서의 삶이 인생의 전부인 것처럼 살아왔었는데 앞으로 전혀 다른 인생의 과정이 남아 있는 것이다. 태어나서 군 생활까지를 인생 1막이라고 한다면 군 전역과 동시에 인생 2막이 시작된다고 볼 수 있으므로 미래의 새로운 인생살이가 더욱 중요하다고 볼 수 있다.

전역 후 새롭게 사회에 나온 사람들의 대부분은 장밋빛 사회생활을 꿈꾼다. 하지만 생과 사의 냉엄한 전장을 가정하여 교육과 훈련으로 단련한 단순하고 경직된 사고방식과 습성은 사회생활에 첫발을 내딛는 순간부터 제동을 걸기 시작한다. 전역 군인들도 새로 취업하는 입장이지만 오랫동안 사회생활을 경험했던 사람들도 퇴직할 나이에 재취업을 원하고 있기에 취업 시장에서는 엄청난 경쟁이 벌어진다. 설령 취업을 한다 해도 군 생활 동안 몸에 밴 계급 의식과 낮은 곳에서는 일하지 못할 것이라는 생각, 나이 어린 상급자에 대한 복종 의식 부족, 연금이 있기 때문에 적극적으로 일하지 않을 것이라는 선입관 등으로 적응하지 못할 가능성이 많고, 습관화된 조기 출근, 야근, 언어 습관, 권위주의적 생활 태도 등은 같은 직장 동료와의 마찰을 불러일으키기 쉽다. 이는 결국 사회생활에 부적응하여 소외될 수밖에 없는 원인으로 작용한다.

열심히 자기계발을 통하여 맞춤형 일자리를 찾아가고 있는 사람들과는 달리, 군 생활에 책임감을 갖고 주어진 역할에 최선을 다했다는 전역 군인들은 자기계발을 하지 못한 채 전역을 하게 된다. 따라서 자신에게 맞는 일자리를 찾지 못하고 사회생활에도 제대로 적응을 못 하는 것은 당연한 일이다. 또한 자신의 재능이 어느 부분에 있는지 알고 있지만 어떻게 접근해야 하는지 알지 못해서 방황하거나 분위기에 휩쓸려 엉뚱한 곳에 지원했다가 귀한 시간만 허비하는 경우도 많다.

어떻게 해야 할지 막막해지는 순간이 아닐 수 없다. 군 생활에 종종 들었던 '안 되면 되게 하라', '무(無)에서 유(有)를 창조한다'라는 말을 적용하기에 세상은 너무나 냉혹하다. 안 되는 일 투성이고 고난은 첩첩산중이다.

비전은 살아가는 과정에서 언제나 필요하다. 특히 새로운 미래에 대한 호기심과 도전이 사라지는 순간은 새로운 비전이 필요해지는 때라고 할 수 있다.

빅터 프랭클 박사는 2차 대전 당시 나치의 수용소였던 아우슈비츠에서 살아남은 후, 『죽음의 수용소에서』라는 책을 썼다. 프랭클은 아무런 잘못 없이 죽음의 수용소에 갇힌 사람, 즉 가장 비참한 상황에 처한 사람일지라도 삶의 의미를 찾을 수 있다고 했다. 또한 그는 비극적인 상황에 대해 '예스'라고 말하며 그 상황을 수용하는 사람은 삶의 부정적인 요소를 긍정적인 것으로 바꾸어 놓을 수 있다고 강조했다. 인간은 근본적인 삶의 위기 속에서도 건설적인 것을 창조할 수 있는 능력을 가지고 있다는 것이다. 즉, 고통과 죄와 죽음과 같은 비극에서도 의미를 찾아내어 그것을 삶의 밑거름으로 변환시킬 수 있다는 것이다.

『죽음의 수용소에서』에 묘사된 몇 구절을 보자.

> 나 같은 의학도가 수용소에서 제일 먼저 배운 것은 우리가 공부했던 '교과서가 모두 거짓'이라는 사실이었다. 교과서에는 사람이 일정한 시간 이상 잠을 자지 않으면 죽는다고 적혀 있다. 하지만 이것은 완전히 틀린 말이었다. 당시 우리가 얼마나 많은 것을 견뎠는가 하는 것을 보여 주는 놀라운 사례를 몇 가지 더 들어 보자.

> 절망이 오히려 자살을 보류하게 만든다? 아우슈비츠의 수감자

들은 첫 번째 단계의 충격을 받은 나머지 죽음을 두려워하지 않게 되었다.

우리는 우리의 몸이 자기 자신을 먹어치우기 시작했다는 것을 느낄 수 있었다. 내장 기관이 자체의 단백질을 소화시키고, 몸에서 근육이 사라졌다.

대다수 사람들이 원시적인 생활을 하면서 목숨을 부지하는 일에 정신을 집중하려고 노력했기 때문에 그 목적에 도움이 되지 않는 일에 대해서는 철저하게 무관심한 태도를 취했다.

수용소 생활에서 느끼는 작은 행복은 일종의 소극적인 행복이었고, 다른 것과의 비교를 통해서만 느낄 수 있는 상대적인 행복이었다. 진정한 의미의 행복은 아무리 작은 것이라도 거의 없었다.

마지막 남은 인간의 자유, 주어진 환경에서 자신의 태도를 결정하고, 자기 자신의 길을 선택할 수 있는 자유만은 빼앗아갈 수 없다는 것이다.
결국 최종적으로 분석을 해 보면, 그 수감자가 어떤 종류의 사람이 되는가 하는 것은 그 개인의 내적인 선택의 결과이지 수용소라는 환경의 영향이 아니라는 사실이 명백히 드러난다.

내가 세상에서 한 가지 두려워하는 것이 있다면 그것은 내 고통이 가치 없는 것이 되는 것이다.

만약 그곳에 삶의 의미가 있다면, 그것은 시련이 주는 의미일 것
이다. 시련과 죽음 없이 인간의 삶은 완성될 수 없다

이 책에서 빅터 프랭클은 고난만이 인생을 깨닫게 하는 모든 것
이라고 말하지 않는다. 고난이 생긴다면 원인을 제거해야 한다. 일
부러 고난을 찾아가는 사람은 변태일 뿐이다. 죽음의 수용소 같은
생활, 오랜 직장이었던 군대에서 나오게 된 일, 청춘을 다 바쳤던
직장에서 쫓겨난 일, 치명적인 질환에 걸리게 된 일 등 거의 모든
절망스러운 상황에서 의미를 발견함으로써 재해석을 통해 절망적
상황을 바꾸어 가는 것이다. 여기에서 중요한 것은 고난을 재해석
함으로 미래에 대한 꿈을 만들 수 있다는 사실을 깨닫는 일이다.
결국, 비전은 고난에서 길을 만들어 주는 북극성이며, 살아 있는
내가 미래를 위해 만들어 놓은 나침반과 같다.

지금의 상황과 시간이 나에게 위기라고 할지라도 무엇인가 의미
가 있을 것이다. 쉽지 않은 일이긴 하지만, 그 의미를 발견하고 거
기에서 배울 수 있다는 마음가짐이 중요하다. 가장 중요한 것은 내
가 준비되어 있느냐, 열심히 수련하고 있느냐이다. 내가 준비되어
있지 않다면 기회는 지나갈 것이고, 준비가 되어 있다면 위기도 기
회가 될 수 있다.

사업을 할 때 부딪히게 되는 가장 큰 난점은 어떤 사업을 할 것

인지 결정하는 것이다. 이미 형성되어 있는 시장에 새로 발을 들이는 것은 계란으로 바위를 치는 격이다. 동네 어디를 가 봐도 치킨집과 커피 전문점, 편의점을 쉽게 발견할 수 있다. 시장성이 있다고 생각하기 때문에 여러 사업자들이 포진해 있는 것이다. 나도 그 사업을 해야 하는가? 성공 가능성은? 물음표일 수밖에 없다. 남들이 하지 않는 사업, 틈새시장 공략에 눈을 돌려야 성공의 가능성이 높다.

펩시는 정면 승부로 코카콜라를 절대 이기지 못했다. 블라인드 테스트로 코카콜라와 맛을 비교하는 등 다양한 마케팅 전략을 펼쳐 보기도 했지만 이미 시장을 선점하고 있던 코카콜라를 뛰어넘을 수는 없었다. 고민하던 펩시에서는 젊은 세대를 공략하기로 계획하였다. 현세대가 아닌 다음 세대를 타깃으로 삼았던 것이다. 이 선택은 무려 20년 후에 성과가 나타나기 시작했다. 펩시를 즐겨 마셨던 어린 청소년들이 대학을 졸업하고 사회에 나가자 펩시를 찾게 된 것이다.

코카콜라에서는 '이것이 진짜(the real thing)'라는 광고 카피로 대항했지만 어렸을 때부터 펩시 맛에 길든 새로운 세대들에게는 먹히지 않았다.[7]

2008년 12월 홈쇼핑에서는 애견 보험을 출시하였다. 개가 아파서 병원에 갈 경우 입원비까지 지불하는 상품이었는데 당시는 미

제3장 실전편

---

7) 최병현, 『가치 경쟁 시대의 성공 포인트』, LG 경제연구원, LG 주간경제 7, 2007

국발 금융 위기로 경기가 그리 좋지 않을 때였다. 어려운 경기 탓에 많은 사람들이 기존에 들었던 보험을 해지하는 판에 개를 위해 보험을 드는 게 말이나 되냐는 비난도 있었다. 하지만 상품 출시 후 소비자들의 반응은 상상을 초월하여, 첫 방송에서만 기존 보험 매출의 네 배 이상의 실적을 냈다고 한다. 포화 시장에서 대상을 바꾸어 틈새시장 공략에 성공한 사례이다.[8]

성공의 발판은 위기를 기회로 만드는 역발상에서 비롯된 것이 많다. 호기심과 도전 의식으로 접했던 미래가 절망으로 다가왔을 때 필요한 것은, 절망을 절망으로 여기지 않고 새로운 기회로 삼고자 하는 마음이다. 넘어졌다고 해서 넘어진 땅을 원망만 하고 있어야 하겠는가? 다시 일어나기 위해서는 그 땅을 다시 디뎌야 한다. 비전을 가지고 다시 시작해 보자. 세상은 넓고 할 일은 많다. 무궁무진한 일의 원천이 될 수 있는 것을 찾아 새로운 마음으로 도전해 보자.

---

8) 장문정, 『팔지 마라 사게 하라』, 쌤앤파커스, 2013

Tip | 공부는 나를 지켜 준다.

공부는 누군가에게 잘 보이기 위해 하기도 하지만, 자신이 노력한 것에 대한 자기 보상이 가장 큰 의미로 다가오는 것 같다. 전역 전에 준비했던 수많은 노력들 속에서 제2의 인생 2막을 열 수 있는 10여 개가 넘는 자격증이 결과를 말해 준다. 꾸준히 독서해서 무슨 일에 부딪히든 두려워하지 않고 헤쳐 나갈 수 있는 힘을 얻은 것 같다.

창의적인 사고방식이 가져다준 유익한 삶의 방식인 것이다. 군에서의 능력 발휘는 조직의 특성상 한계가 있다. 사회에서는 그 한계가 무한대다. 능력 발휘에 큰 지장을 주는 것도 장애물도 없다. 자신이 원하는 일에 대한 전문성을 키우고 발휘하면 얼마든지 생존할 수도 있다. 그 결과 1인 다역을 거뜬히 수행할 수 있는 힘을 갖게 됐다. 직장 생활을 하면서도 자신을 좀 더 업그레이드할 수 있는 대학원 공부를 할 수 있었던 것도, 일주일에 하루씩이지만 군에서 익혔던 보안 분야에 대한 전문 지도를 할 수 있게 된 것도, 책을 집필할 수 있게 된 것도, 생소한 분야이지만 행정 법률에 대한 서비스를 위한 공인 행정사로서 업무를 수행할 수 있게 된 것도 꾸준한 독서가 만들어 준 결과이다. 하지만 나는 결코 여기에서 멈추지 않는다. 나의 공부는 여전히 이 순간에도 현재 진행형이다.

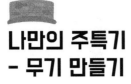

나만의 주특기
- 무기 만들기

　평생직장의 의미가 퇴색해 버린 지 오래다. 아직 한창 일할 나이임에도 퇴직을 생각해야 하고 대기업의 희망퇴직도 줄을 잇고 있다. 웬만한 잘나가는 회사에서도 '명퇴 칼바람'으로 목을 옥죈다. 한창 일할 나이인데도 일자리가 없는 서글픈 현실이 되었다. 살아온 날만큼 살아야 할 날이 많은 이들에게는 평생직장이 절실하다. 100세 시대라고 하여 평균 수명이 늘어난 것은 축복할 일이지만 현실은 그렇지 않다는 게 서글프기만 하다. 자신의 직장에서 앞만 보고 달린 이들이 갑자기 다른 일에서 성공한다는 건 결코 쉽지 않은 일이다. 은퇴를 앞둔 이들은 무슨 일을 해야 할지 막막한 현실에 부딪힌다. 그들은 은퇴 후에도 일을 해야 한다는 추상적인 생각만 할 뿐 구체적인 고민을 할 여유도 부족하다.

　고용 정년 후에 퇴직자를 채용하려는 회사에서는 그가 과거에 어떤 높은 자리에 있었느냐보다 어떤 일을 잘할 수 있느냐를 중시

한다. 채용하는 회사의 입장에서는 재취업자일수록 전 직장에서 이루어 낸 성과 이상을 해낼 수 있는지 면밀하게 검토한다. 설령 그 기준에 충족되었다 하더라도 취업이 보장되는 것은 아니다. 청년층 신규 채용도 부담스러워하는 상황에서 나이 든 사람에게 재취업 일자리를 제공해 주리라고 기대하기는 어렵기 때문이다. 결국, 은퇴 후 급한 마음에 퇴직금으로 치킨 집이나 커피 전문점을 차려 보지만 앞날이 암울하기는 매한가지다.

자신만의 주특기를 개발하여 스스로를 대체 불가능한 인재로 만들어야 할 필요성이 대두되는 이유가 여기에 있다. 여기에서 주특기는 고도의 전문 지식이나 능력만을 의미하지는 않는다. 주특기를 가지라고 하면 남들에게는 없는 자격증을 따거나 어려운 공부에 열을 올리는 사람이 많지만, 그런 것은 주특기가 되지 않는 경우가 대부분이다. 오히려 사소한 것을 잘하는 것이 큰 주특기가 될 수 있다.

주특기를 살린다는 것은 무기 만들기이다. 무기 만들기의 핵심은 시간 관리 문제와 밀접하게 연관되어 있다. 이미 나이 마흔이 넘었는가? 술 마시고 상사 욕할 시간이 있을까? 세상 탓, 조직 탓을 할 시간도 없다. 정치를 비판할 시간도 없다. 결국, 나 자신의 문제와 직결될 수밖에 없다. 일반인도 이럴진대 전역자에게는 더더욱 시간이 없다.

군대를 제대한 후에는 시간이 많아진다. 정년 퇴임 후에도 동일한 상황이 발생한다. 그 상황이 되면 냉철하게 미래의 관점에서 지금을 바라봐야 한다. 10년 후 지금을 돌아보았을 때 무엇이 가장 후회스러울까 생각해 봐야 한다는 의미이다.

프랑스 작가 기욤 뮈소의 소설인 『당신, 거기 있어 줄래요(Seras-tu là)?』는 수십 년 전 과거로 돌아가 젊은 자신을 만나고, 과거에 가장 후회됐던 순간을 바꾸기 위해 현재와 과거를 넘나들며 펼치는 한 남자의 인생에 대한 이야기이다. 과거를 바꿈으로써 현실을 바꾸고자 하는 흔하디흔한 소재라 할 수 있다.

주인공인 남자는 20분씩 과거로 돌아갈 수 있는 알약 10개를 얻는다. 그리고 요절한 옛 애인을 보고 싶어 하여 그 알약을 먹고 과거로 돌아가서 애인을 되살리려 한다. 그렇게 미래의 자신을 만나게 된 과거의 남자는 웬 중년 남자가 자신이 "미래의 너"라고 하는 말을 점점 믿을 수밖에 없는 상황들을 만나게 된다. 그리고 그 중년 남자는 "(이미 죽은) 애인이 보고 싶어 찾아왔다"라는 말을 강조한다. 다시 과거로 돌아간 남자는 당연히 애인을 지키고자 한다. 하지만 죽어야 할 사람을 살리면, 미래의 모든 것이 바뀌게 된다.

중년 남자에게도 미래의 시간에서는 지켜야 할 것이 있다. 두 사람의 이해관계는 서로 달라졌다. 삶은 결국 주어진 현실에 충실해야 하는 것임을 깨닫게 된 것이다. 과거의 남자도, 미래의 남자도 결국 같은 사람이었기 때문에 각자 가장 소중하게 생각하는 것을 함께 지켜 나가야만 했던 것이다. 당신은 10년 후, 20년 후 현재를 돌이켜 볼 때 무엇이 가장 후회스러울까? 그걸 알았을 때 후회를 최소화할 행동 전략을 가지고 있는가?

영화 '인터스텔라'는 인류가 환경 재앙으로 멸종 위기에 처하자 주인공이 시간 여행을 떠나고, 미래의 인류가 현재의 인류를 구해낸다는 스토리로 전개된다. 시간 여행을 하느라 우주 저 멀리 가버린 주인공은 블랙홀을 통해 예상치 못하게 과거로 돌아가게 되고, 거기에서 지구에 남은 인류가 환상적인 우주 기지를 만들어 생존할 수 있게 한다는 이야기다. 당신은 과거로 돌아간다면 무엇을 하고 싶은가?

먼 미래라면 모르겠으나, 아직까지 과거로 돌아가 오늘을 바꿀 획기적인 방법은 없다. 가장 좋은 방법은 후회 없는 준비를 통하여 예상된 미래를 바꾸는 것이다.

시간은 우리에게 공통적으로 주어진 것이다. 누구에게 더 주어거나 덜 주어지지도 않았다. 그러나 시간을 관리하는 일은 매우 중요하다. 에이브러햄 링컨은 "내게 나무를 벨 시간이 여덟 시간 주어진다면, 그중 여섯 시간은 도끼를 가는 데 쓰겠다"라고 했다.

"난 너무 일이 많아서 시간을 내기가 힘들어."

"시간이 왜 이리 부족할까?"

이런 말을 하는 사람들이 주변에 의외로 많다. 이런 말은 자기 자신에 대한 관리가 소홀함에 대한 핑곗거리로 만들어진 것이다. 즉, 자신이 통제할 수 있는 능력 외의 상황에 모든 탓을 돌리는 것이다. 대부분의 사람들은 시간에 쫓기는 생활만 했지 시간을 관리하는 생활은 하지 못했다. 세상에는 해야 할 일들이 너무 많은데 시간은 턱없이 부족하다. 그런데도 시간 관리를 잘해서 성공 가도를 걷는 사람들은 어떻게 설명해야 할까? 40~50대가 되면 마치 손가락 사이에서 사라지는 모래알처럼 그 많던 시간들은 하나둘 사라지기 시작한다. 그럼에도 우리가 기필코 해야 하는 일은 바로 '시간을 붙잡는 일'이라고 할 수 있다.

나는 여러분께 매일 새벽 한두 시간, 주말 시간 활용을 권장한다. 일찍 일어나면 매일 두세 시간씩 나만의 시간이 생긴다. 매일 아침 두 시간으로 할 수 있는 일을 계산해 봤다. 책 한 권을 읽는데 다섯 시간 정도가 걸리므로, 1년이면 150권의 책을 읽을 수 있다. 한 분야에 150여 권 정도의 책을 읽으면 그 분야의 학위를 취득한 것 같은 지식을 얻을 수 있다.

앞서나간 사람들은 시간을 창출할 수 있는 능력을 가지고 있다.

그런 사람들은 시간 관리의 프로라는 말로 바꾸어 말할 수 있다. 그리고 모처럼 시간을 만들었더라도 그 시간에 어떤 가치 있는 일을 투자할지, 어떻게 그 시간을 활용할지 모른다면 힘들게 만든 시간에 대한 가치는 사라지고 만다.

우선 나 자신부터 시간 관리를 잘할 수 있는 노력을 기울여야 한다. 시간은 전역자에게 남은 유일한 자원이다. 적어도 3년, 길게는 5년까지 전역 준비에 신경을 써야 한다. 같은 시간이라도 유익한 시간과 무익한 시간이 있다. 유익한 시간은 늘리고 무익한 시간을 줄이는 것이 시간 관리의 첫걸음이 된다.

휴일 시간을 예로 들어 보자. 시간 관리를 잘하는 사람은 독서를 하거나 자신에게 유익한 일로 시간을 보낸다. 반면, 아무것도 하지 않고 집 안에 있거나 잠만 자거나 술을 마시거나 텔레비전만 보면서 하루를 보내는 사람은 주어진 시간을 무익하게 보내는 것이다.

누누이 강조하지만 우리에게는 시간이 얼마 없다!

또한 시간 관리를 잘하는 사람은 우선순위를 정해 일을 처리하고 불필요한 일로 시간을 낭비하지 않는다. 결과적으로 바쁜 와중에서도 상대적으로 자신의 여유 시간을 확보하여 자기계발을 하는 등 의미 있는 시간을 만드는 능력이 있다. 이런 시간 활용은 자신의 무기를 만들 수 있는 중요한 기회다. 주어진 시간에 자신이 목표로 하는 공부에 투자하라.

하고자 하는 의지가 있고 마음가짐이 되어 있다면 거기에 매진해야 한다. 불광불급(不狂不及)! 미쳐야 한다. 마음이 먼저 움직이면 몸은 따라서 움직이게 되어 있다. 처음에는 서툴고 둔하고 적응력이 떨어져 보이더라도 포기하지 않고 열정과 노력으로 임한다면 나 자신의 무기가 되는 것이다. 평소에 소질이나 주특기를 개발하지 못하는 이유는 하기 싫거나, 하는 데 두려움을 느끼거나, 자신감 결여나 게으름과 같은 마음속 변명 때문이다. 인내와 노력, 성실한 연습이 삶의 장인을 만든다. 꾸준하게 반복하지 않으면 결코 프로가 될 수 없다.

주특기를 무기로 삼겠다는 의지를 종이에 써 보자. 그것도 매일 써 보자.

사람들은 개인적인 일일수록 더 단순하게 생각하는 경향이 있다. 어떤 일을 할 때 일지를 작성하거나 기록을 남기는 것을 쓸모 없는 일로 생각할 수도 있다. 행동으로 옮겼으면 됐지 굳이 일지를 쓰거나 자료를 남길 필요까지 있느냐 하는 생각에서다. 하지만 우리가 하는 일들은 현재만을 위한 것이 아니다. 지금보다 더 큰 목적이 있거나, 현실을 개선하기 위하여 일하는 경우가 더 많기 때문이다. 일을 마무리했더라도 그 결과를 기록으로 남기면 많은 이로움이 있다. 더욱이 자신의 행동을 기록하고 관리함으로써 발전적인 미래를 설계할 수 있는 기회도 만들어진다. 꼭 모든 것을 낱낱이 기록하지 않더라도 중요한 사항을 기록해 놓는 것만으로도 그 가치가 발현된다. 꿈과 비전을 매일 노트에 써 보자. 시간이 지나고 보니 내가 그 꿈을 이루어 가더라는 것은 필자뿐만 아니라, 일을 성취한 거의 모든 사람이 입증하고 있다.

독서 노트도 마련하고 일기도 꾸준히 쓰도록 하자. 달리기를 할 때도 꾸준히 기록하여 자신의 체력 상태나 건강 상황을 점검해 볼 수 있다. 기록하는 것과 기록하지 않는 것은 천지 차이다. 이 책도 틈틈이 꾸준하게 기록해 놓은 결과이다. 메모와 기록의 힘이 인생을 바꾼다.

Tip |

그렇다고 해서 군에서 익혔던 주특기가 전혀 무용지물은 아니다. 주특기는 하루아침에 형성되거나 발휘되지 않는다. 몸에 배어 있는 습관이 하루아침에 없어지지 않는 것처럼 말이다. 필자가 지금 하는 일은 업종은 다르지만 업무의 성향은 군대와 비슷하다. 사무 업무에 대한 총괄을 맡고 있으니 군에서 주특기였던 작전 업무와 유사하다.

다만 종합되어야 하는 업무들의 속성은 다르다. 다뤄 보지 않은, 속성이 다른 다양한 업무에 대해 연구하고 수행할 수 있도록 업무 능력을 숙련시켜야 한다. 스스로 부딪치고 깨지며 처음부터 익혀 나가야 하는 것이다. 선뜻 나서서 누가 가르쳐 주지 않기 때문이다. 군대에서는 자신의 역할만 잘하면 문제가 없지만 사회에서는 모든 시간이 경제적 비용과 함께한다. 이것이 군대와 사회의 차이점이다.

결국은 인간이다
- 군기 뺀 인격과 예절, 유머와 매너

군인에게는 오랜 시간 몸과 마음에 익숙해진 것이 있다. 군인의 생명이라고도 말하는 군기이다. 군 생활을 하면서 군기가 빠진 모습을 보이면 곧바로 고문관 소리를 듣기 십상이다. 그만큼 군인에게 군기란 유사시 전쟁에서 싸워 이기는 데 꼭 필요한 필수 요소라 할 수 있겠다.

그런데 어쩌나!

사회에서는 그런 군기를 가진 사람들이 융통성 없고 재미없는 사람으로 치부되어 외면당하기 쉽다. 오늘날에는 상대의 얘기를 들어주고 소통하는 사람이 대우를 받는다.

군기가 바짝 들었다고 그 사람의 인격과 권위가 올라가는 것은 아니다. 일방적인 지시나 명령에 길든 군 생활에서의 군기는 사회에 첫발을 내딛는 순간 기름기 빼듯 쫙 빼야 한다. 획일적인 상하 관계에서 수평적인 관계를 지향하고, 지시나 명령 일변도에서 벗어나 상대의 말을 경청하고 소통해야 한다.

과묵함보다는 상대를 즐겁게 해 줄 수 있는 유머 한 가지, 최신 유행 아이돌 가수의 노래 한 소절 정도는 부를 수 있는 사람이 되어야 한다. 소통과 상대에 대한 배려가 선행되지 않는, 바짝 군기 든 모습이 그 사람의 훌륭한 인격과 매너로 여겨지는 시대는 지났다. 더 이상 군기만 고수하지 말고 벗어나야 한다. 군기가 빠지는 순간 당신은 한발 더 가까워질 수 있을 것이다. 사람은 결코 혼자 살 수 없는 사회적 동물이다. 사회에 나오면 사람들과 어울려 살 수밖에 없다. 유머와 매너는 인간관계를 훨씬 부드럽게 해 준다. 군기가 빠진 자리에 갖춰야 할 스킬이 분명하다.

전역했다면 어깨와 목에 힘 좀 빼자. 그리고 좀 더 재미있고 부드럽게 살자. 밥은 나 자신을 위해 먹지만, 매너와 유머는 다른 사람을 위해 갖추는 것이다. 인간은 어차피 함께 어울릴 수밖에 없는 존재이다. 사회가 당신의 새로운 활동 무대라면 매너와 유머라는 아이템을 꼭 갖춰라. 경험컨대, 매너와 유머는 사소한 것이지만 사람들이 당신의 가치를 인정해 주는 아주 유용한 아이템이다.

노후를 지켜라

한 지인의 얘기이다.

'사회에 나오면 설마 내가 할 일이 뭐든 없겠어?' 전혀 의심조차 하지 못했는데 막상 전역을 하고 나니 직업을 구하지 못한 채 하루가 한 달이 되고, 어느새 1년이 다 되어 가고 있었다. 물론, 최저 생활을 할 수 있는 연금 덕분에 거리로 내몰리지는 않았다. 처음에 가졌던 막연한 자신감은 시간이 지나면서 점점 떨어지고, 나 자신도 위축되었다. 나중에는 자괴감까지 들기 시작하면서 점점 사회의 저변으로 밀려 나갔다.

이쯤 되면 그동안 고생했으니 쉬엄쉬엄 쉬면서 차분히 살아갈 방법을 모색해 보자는 가족들의 응원과 위로도 마음에 와 닿지 않는다. 누구보다 스스로에게 던져지는 부끄러움과 자괴감에 자신이 용납되지 않는 것이다. 걱정 말라던 아내가 어느 날 식당일을 구해서 나가기 시작했다. 아이들은 어느 순간부터 무엇을 사 달라고 보채거나 맛있는 걸 먹으러 가자고 하지 않기 시작했다. 아내가 힘든 집안의 사정과 아빠가 처한 현실에 대해 알아듣도록 아이들에게 교육했을 거라는 생각이 든다.

이곳저곳 일할 수 있는 자리를 알아보지만 마음만 급할 뿐 내가 생각하는 여건을 갖춘 일자리는 눈에 띄지 않는다. 이런 상황은 점점 자신에 대한 믿음마저 떨어뜨린다. 위축된 상태로 하루하루를 보내고 자괴감마저 든다. 한 집안의 가장으로서 가족을 지켜야 한다는 마음이 이토록 무겁고 부담스럽게 다가온 적이 없었다. 눈높이를 낮추기로 결심했다. 급여 수준이 생각했던 것의 반토막이면 어떠냐, 일하는 곳도 먼 섬, 산간 지역만 아니면 되고 주 5일 근무가 아니더라도 상관없다고 결심했다.

'호모 헌드레드(homo hundred)'라는 말이 있다. 오래 사는 인간, 바로 100세 시대를 살아가는 사람들을 뜻하는 용어이다. 의료 시스템과 사회 복지 정책의 발전으로 더 많은 시간을 살아갈 현대인을 지칭하는 말이기도 하다. 이는 노후 대비가 중요한 과제로 떠올랐음을 시사한다. 인생 재무 설계의 3대 과제가 내 집 마련, 자녀 교육, 노후 대비라고 할 수 있는데, 노후 대비가 다른 두 가지 과제를 앞서 점점 더 중요성을 더하고 있는 것이다.

65세 이상 인구가 7%면 고령화 사회, 14%가 넘으면 고령 사회, 20%를 넘으면 초고령 사회라고 한다. 우리나라는 지난 2000년 65세 이상 인구 비율이 7.2%에 달해 고령화 사회에 진입했고, 2018년에는 14.3%로 고령화 사회에, 2026년에는 20.7%로 빠르게 초고령 사회로 진입할 전망이다. 고령화 사회에서 고령 사회로 진입하는

데 소요된 기간은 프랑스의 경우 115년, 스웨덴의 경우 85년이나 걸렸다. 지금까지 그 속도가 가장 빨랐다는 일본이 24년임을 감안할 때 우리나라의 18년은 사상 초유의 일이 될 것이다.

〈연령대별 추계 인구 비중 추이(단위 : 명)〉

연령별	2007년	2016년	2026년	2036년	2046년
10대 이하	24.6%	19.4%	16.0%	14.7%	13.2%
20~30대	32.4%	28.1%	23.9%	19.5%	17.1%
40~50대	29.0%	33.2%	31.4%	28.4%	25.9%
60대 이상	9.9%	13.3%	20.7%	28.9%	35.6%
총인구	48,456,369	49,311,793	49,308,710	47,493,912	44,111,099

자료: 통계청

이와 같은 급속한 고령 인구의 증가는 심각한 노인 빈곤 문제를 낳고 있다. 한국보건사회연구원에서 발표한 보고서에 따르면, 2015년에 65세 이상 노인의 61.7%가 빈곤하다고 한다. 세 명 중 두 명이 빈곤한 노후 생활을 하고 있다는 의미인데, 이는 경제협력개발기구(OECD) 회원국들 가운데 수년째 1위를 차지하고 있는 수치이다. 이러한 빈곤은 노인 스스로 목숨을 끊는 일로 이어지고 있다.

〈65세 이상 자살에 의한 사망률(단위 : 인구 10만 명당)〉

	1990	1995	2000	2005	2010	2011	2012	2013	2014	2015
65세 이상	14.3	23.6	35.5	80.3	81.9	79.7	69.8	64.2	55.5	58.6
남자	22.9	37.6	55.6	128.6	128.5	128.6	107.7	102.3	87.9	95.2
여자	9.2	15.5	23.6	49.3	50.1	46.1	43.5	37.3	32.4	32.1

65~69세	14.4	19.2	25.9	62.5	60.0	54.0	45.8	42.2	38.5	37.1
70~74세	13.2	24.6	34.4	74.5	76.1	76.5	67.4	59.5	51.1	54.9
75~79세	12.7	27.3	45.5	88.8	94.7	96.1	81.5	77.7	66.5	72.5
80세 이상	18.2	28.5	51.0	126.7	123.3	116.9	104.5	94.7	78.6	83.7

자료: 통계청, '사망 원인 통계' 각 연도

2015년 65세 이상 고령자 가운데 자살에 의한 사망률은 인구 10만 명당 58.6명이다. 우리나라의 이 수치는 노인 빈곤율과 함께 OECD 국가 가운데 가장 높은데, 이는 불명예가 아닐 수 없다. 또한 폐지를 주워서 근근이 생활하는 노인의 수도 100만 명을 넘었다고 한다. 겨우 몇천 원으로 하루를 근근이 살아가는 고단한 삶이다. 문제는 이 모습이 현재의 노인들에 그치는 것이 아니고 아직 한창나이인 젊은 사람들의 미래상이라는 점이다. 앞으로 더욱 일자리를 찾기 어려워지고 임금이 오르지 않고, 조기에 퇴직하게 될 젊은 세대야말로 현재의 노인보다 더 일찍 빈곤을 겪게 될지 모르는 심각한 상황에 처해 있다.

퇴직을 염두에 두고 준비를 한 사람과 대책 없이 세월을 보낸 사람이 누리는 삶의 질과 행복 수준은 차원이 다를 수밖에 없다. 그렇다면 제2의 인생을 준비할 나이인 이 시기에 과연 무엇을 준비해야 하는가? 그리고 그 준비가 노후에 어떤 영향을 미칠까?

우선 나를 위한 시간에 많은 것을 할애해야 한다. 적어도 하루에 한두 시간 정도는 자신을 위해 투자하여 몰두할 수 있는 취미를 가져라. 운동도 좋고 독서도 좋다. 특히, 운동은 빠짐없이 해야 한다. 나이가 들어 움직이는 것을 싫어하면 근육이 급격히 줄어들고, 근육이 줄면 소화가 잘 안 되고, 소화가 안 되면 식욕이 떨어져 기력이 쇠해지므로 더 움직이기 싫은 악순환이 일어난다. 운동으로 적당한 근육량을 유지해야 기력을 유지할 수 있다.

힘주어 강조하건대 우리에게는 시간이 얼마 안 남았다!

그런데 전역 후나 은퇴 후에는 시간이 많이 남아 하루가 길고 지루하다. 평생 현역으로 살기 위해 지금부터라도 자신에게 맞는 취미를 발견하기 위한 다양한 시도를 하고, 이를 통해 하고 싶은 일을 찾는다면, 현재는 물론 노후의 삶을 더욱 만족스럽게 보낼 수 있을 것이다. 이와 함께 유머와 매너를 깔끔히 갖춘 중년 남성이 되자. 술 냄새 풍기면서 군복 입고 다니며 좋았던 시절만 되뇌는 전역 군인은 되지 말아야 한다. 군인들은 대인 관계 능력이 월등히 좋으므로, 이런 능력을 적극적으로 활용해야 한다.

나이가 조금 더 들면 몸이 노화되어 예전만 같지 않다. 하지만 나를 찾아주는 사람도 없고 얘기할 사람도 없다는 외로움이 나를 더 힘들게 할 것이다. 외로움은 스스로 쓸모없는 사람이라는 생각마저 들게 하여 매사에 자신감이 없고 무기력한 삶을 살게 만든다.

소중한 가족과 친구들을 잊고 지내지는 않았는가? 주변 사람들에게 무관심해서는 안 된다. 가족과 친구, 주변 사람들도 돌봐야 한다. 사람과의 관계는 식물을 가꾸는 것과 같다. 젊은 시절부터 물을 주고 비료를 주고 잘 가꿔야 왕성하게 자란다.

사실 나는 오로지 군대만을 위해서 살아왔고 공부에 빠져 가족들을 잘 챙기지 못했는데, 그것이 무척 후회스럽다. 가족 여행 한 번 제대로 못 갔었던 것 같다. 하지만 지금은 적어도 저녁 시간과 주말에는 가족과 이야기하면서 시간을 보내려고 노력하고 있다. 가족은 나에게 가장 빼놓을 수 없는 1순위다. 가족에게 자상하지 않으면 나중에 후회한다.

성경에도 "마른 빵 한 조각을 먹으며 화목하게 지내는 것이 진수성찬을 가득히 차린 집에서 다투며 사는 것보다 낫다"라는 말이 있지 않은가. 또한 자신의 마음을 알아주는 진정한 친구 한 명이 있다면 그 인생은 성공한 인생이라고 할 수 있다. 사람이야말로 그 어떤 것과도 바꿀 수 없는 값진 보물이다.

한편, 일상생활 속에서 대수롭지 않게 여기며 지나쳤던 작은 질병, 또는 그저 삶의 당연한 한 부분이라 가볍게 넘겨 버리곤 했던 스트레스는 없었는가? 혹은 흡연과 음주를 유일한 탈출구로 삼아 현실의 괴로움에서 벗어나 보고자 하지는 않았는가? 아무렇지 않게 여겼던 평소의 작은 생활 습관들이 인생 후반의 건강을 결정한다. 금전적 여유, 인간관계 등 다른 요소들이 충족된다 하더라도 가장 기본이 되는 건강을 지키지 못한다면 아무것도 이룰 수 없다. 자신의 건강 상태를 정기적으로 검사하고, 건강을 유지할 수 있는 생활 습관을 몸에 익히도록 노력해야 한다.

다시 강조해 보건대, 우리에게 남은 유일한 자원은 '시간'이다.

전역자의 뼈저린 조언 3

✚ 내게 얼마만큼 투자하는가?

나에게 투자하는 것은 의미 있는 일이다. 좋은 옷을 사고, 맛있는 음식을 사 먹는 것도 투자이긴 하다. 하지만 공부하는 데 투자하는 것이 가장 수익률이 좋다.

나의 경우 월급을 타면 무조건 10%는 책을 사든, 운동을 하든 나를 위해 투자한다. 주로 공부하는 데 쏟아붓긴 하지만……. 앞으로는 여행, 경험을 많이 쌓는 데 투자할 생각이다.

수입의 일정 부분은 반드시 내게 투자하라. 그것이 나를 사랑하는 길이며 내 자존감을 높여 주는 방법이다. 내가 웃으면 세상도 웃고, 내가 끝나면 세상도 끝난다. 평생 일만 하는 것이 능사는 아니다. 취미도 갖고 책도 읽고, 여행도 다니자.

경제 관념을 조금만 더 일찍 가지고 대비했더라면

군 생활하는 기혼자들에게는 군 관사 및 아파트가 저렴한 비용으로 제공된다. 그런 이유로 전역하는 당일까지, 전역 후에도 몇 개월간은 유예 기간을 주기도 한다. '집을 구해야 한다, 집값이 비싸서 생활하기 힘들다'라는 목소리는 찾아보기 힘들다. 서울의 전셋값이 3~4억이라는 말에 소스라치게 놀라는 이유이다. 전역 후 재취업과 함께 가장 부담감으로 다가왔던 것이 내가 거주할 집을 구하는 것이었다. 전역이 임박한 많은 군인들 중 자가를 보유하고 있는 이들은 그리 많지 않다. 현역 복무 시절에라도 주기적인 경제 교육을 통해 사회와 경제 개념의 간극을 좁히는 게 필요하다.

누군가가 조금 더 일찍, '이렇게 살다가는 전역 후 전셋집도 구하지 못해 전전긍긍할 수 있다'라고 뼈아픈 조언을 해 줬더라면 하는 아쉬움이 있다. 미리 알았더라면 시행착오를 줄일 수 있었을 것인데 말이다.

경제 개념, 경제 관념은 무척 중요하다. 인생은 어찌 보면 돈과 관련되어 있다. 경제 개념, 경제 관념이 어두울수록 인생 말년이 힘들어진다는 점을 알아야 한다. 돈 쓸 일이 생긴다면 부인이나 가족 몰래 돈을 쓰지 말고 반드시 부인 또는 가족과 상의하라. 그것은 자존심을 구기는 일이 아니다. 가족들은 적어도 군대만 알던 우리보다 더욱 현실적이다. 무작정 저지르다가 낭패 보지 말고 가족에게 지혜를 구하자. 지혜를 빌리는 데 체면 따위는 필요 없다.

제4장 다지기 편

전역 후 생존

누구나 자기가 최고라고 생각한다.
그래서 많은 사람들이 이미 경험한 선배의
지혜를 빌리지 않고 실패를 거듭하며
눈이 떠질 때까지 헤매곤 한다.
이 무슨 어리석은 짓인가.

뒤에 가는 사람은 먼저 간 사람의 경험을 이용하여,
같은 실패와 시간 낭비를 되풀이하지 않고
그것을 넘어서 한 걸음 더 나아가야 한다.
그것을 잘 활용하는 사람이 지혜로운 사람인 것이다.

- 괴테(Johann Wolfgang von Goethe)

설레는 전역인가, 설마 하는 전역인가

전역을 앞둔 시점은 군 생활을 하면서 획득했던 모든 것을 반납하는 과정이라 할 수 있다. 전역(轉役)의 뜻은 역종(役種)이 바뀌는 것이다. 즉, 군에서 현역 복무를 마친 후 사회로 돌아가 예비역으로 편성이 바뀐다는 뜻이다. 군대의 군인 신분에서 사회의 민간인 신분으로, 전혀 다른 세상으로 나오게 되는 상황이다. 군대에서 늘 착용하던 군복, 전투화, 군모를 비롯한 군대용 비품들은 사회에서는 별 쓸모가 없다. 그래서 도로 반납하고 나오는 것이다. 군 생활 중에 있었던 신체의 변화, 정신까지도 반납하고 나오게 된다. 이제 근 이십여 년을 몸담았던 군대는 나와 별개의 것으로 인정하고 '전역 후 해야 할 일'에 대한 생각에 빠지게 된다.

전역을 대하는 마음가짐은 크게 설레는 심정과 설마 하는 마음의 두 부류로 나눌 수 있다. 그런데 전역에 대비하여 미리 많은 것을 준비했다고 하더라도 대부분의 전역 군인에게 전역은 두려움일 수도 있다. 흔히 전역을 일컬어 '군대라는 지옥에서 사회라는 이름의 또 다른 지옥으로 들어가는 순간'이라 하기도 한다. 그만큼 전역의 순간은 낯섦과 험난함을 극복하고 새로운 적응을 해 나가야 할 시기이기도 하다. 전역자들은 자신이 '쓸모없어지는 존재가 되는 것'에 대한 두려움을 어느 정도 가지고 있다. 나 역시도 마찬가지였다. 군대 시절이야 위계질서가 잡혀 있는 조직 내에서 일정 계급과 직위를 가지고 근무했었던 터라 나름대로 권위도 있었지만 사회에서는 나의 과거 직함이 결코 통하지 않을 것 같았다. 게다가 사회 경험이 전무한 탓에 사회적 직무 능력도 초등학교 수준으로밖에 안 봐 줄 것 같다는 생각도 들었다. 이런 강박 관념이 '앞으로 뭘 해야 하지?', '어떻게 해야 하지?', '누구와 어떤 것을 상의하지?'와 같은 갖가지 생각과 뒤얽혀서 머리만 아팠다.

하지만 얼마나 많은 준비를 했는가에 따라 전역 후의 삶은 설레는 것이기도 하다. 이미 앞에서부터 전역 준비를 강조한 이유가 여기에 있다. 군에 입대하기 전에 준비를 했던 것처럼 사회로의 복귀 또한 철저히 준비함으로써 가슴 설레는 전역이 되도록 해야 한다. 이를 위하여 다음과 같은 부분을 준비하도록 해야 한다.

지금부터 당장 계획을 세워 실천하도록 하자. 그리고 하나의 '모'만은 굳게 지키도록 하자. 그것은 '쓸모'이다. 자신이 쓸모없어질 때까지 기다리는 것은 바보들이나 하는 짓이다. 쓸모가 없어져 중도 폐기되는 인생은 살아갈 가치가 없는 삶이다. 변화하는 환경에 어떻게 적응할 것인지 계획을 세우고 추진하라. 물론 20~30여 년을 한 곳, 특히 군대라는 특수 조직에서 근무해왔기에, 자신의 모습과 행동을 하루아침에 바꾸기는 매우 버거운 일일 수 있다. 하지만 경직된 자신의 모습을 융화할 수 있는 모습으로 탈바꿈시켜야 사회에 적응하기 쉽다. 과거의 내 모습, 내 신분을 과감하게 버리자.

또한 오늘날 정보는 흘러넘치고도 남으며, 변화의 속도도 너무 빠른 감이 있다고 느껴질 만큼 잠시만 한눈을 팔면 정보를 따라잡기 힘들어진다. 이러한 정보 변화에 순응하지 못하면 사회와 격리될 수밖에 없다. 자신에게 필요한 정보를 즉시 자신의 것으로 만들어 시대 변화에 빠르게 적응할 수 있는 태도가 필요하다.

다음으로 훗날이라도 유용하게 쓰일 수 있는 지식이라면 지금부터 확보해 두어야 한다. 그리고 이에 딸린 기술, 재능들을 습득할 수 있도록 대응 계획을 세워 실천하도록 하자. 거대한 건물에도 틈새는 있기 마련이다. 사회 곳곳에도 틈새는 반드시 있다. 아무리 치열한 경쟁이 이루어지고 있는 시장 속에서도 틈새가 있다. 틈새를 'Niche'라 하는데, Niche는 '시장의 비어 있는 공간'을 의미하는 용어로서, '남이 모르는 좋은 낚시터'라는 은유적인 뜻도 가지고 있다. 따라서 남이 미처 알지 못하거나 알고 있어도 제대로 공략하지 않는 시장을 틈새시장이라고 한다. 사실 틈새시장의 발상은 사소한 데에서 시작된 경우가 많다.

한 발명가가 난로 위에 물 주전자를 올려놓고 물을 끓이고 있었다. 그런데 주전자 뚜껑이 달그락거리는 소리가 연구에 방해가 되자 그 발명가는 홧김에 송곳으로 주전자 뚜껑을 내리쳐서 뚜껑에 구멍이 뚫렸는데, 달그락거리는 소리가 없어졌다. 발명가는 그 주전자 뚜껑으로 특허를 받았다.

어떤 식당의 주인은 주전자의 물이 끓을 때 주전자 주둥이에서 나는 김새는 소리가 귀에 거슬려 주둥이 끝에 호루라기를 달아 보았다. 그랬더니 물이 끓을 때마다 호루라기 소리가 들려 주위가 즐거워졌고, 소리의 크기에 따라 물이 끓는 정도도 알 수 있었다. 이것이 세계적인 히트 상품이 됐다.

중국 음식을 시킬 때 짜장면을 먹을까 짬뽕을 먹을까 고민하는 사람이 많다. 하지만 누군가가 짜장면과 짬뽕을 반반씩 섞어서 파는 '짬짜면'이라는 새로운 메뉴를 개발했다. 이 메뉴 덕분에 짜장면과 짬뽕을 둘 다 맛볼 수 있게 되었다.

이렇듯 틈새시장에서는 획기적인 상품이 아니더라도 발상의 전환만으로 얼마든지 히트를 치고 매출도 대폭 늘릴 수 있다. 틈새시장은 고용에도 적용된다. 고용의 틈새가 어디에 있는지 확인하고 그 틈새를 비집고 들어갈 방법을 강구해야 한다. 최신 기술과 추세, 실무, 산업 환경에 늘 주목하면서 가장 밝은 분야가 어디인지,

지금은 밝은 분야이지만 앞으로 어두워질 분야가 어디인지 늘 촉각을 곤두세워야 한다.

이제 여러 가지 대안을 마련했다면 승부를 걸되, 분산 투자로 위험을 최소화해야 한다. 하나에 올인하여 소기의 성과를 올릴 수 있다면 얼마나 좋겠는가? 하지만 그만큼 실패할 확률도 높다. 한곳에만 집중 투자하는 것은 일종의 모험이다. 일이 잘못될 경우 누구 탓을 할 것인가?

'교토삼굴(狡兎三窟)'이라는 고사가 있다. '교활한 토끼는 세 개의 굴을 가지고 있다'라는 뜻으로, 언제 닥칠지 모르는 위기에 대한 준비를 철저히 하여 어떤 어려움 앞에서도 무너지지 않는다는 의미를 지닌 말이다. 철저한 준비는 위기 상황에서 자신을 지켜 주는 방패막이가 되어 줄 수 있다. 아무리 현명한 사람이라도 인생을 살아가면서 위기를 만나고, 그 위기를 비켜 가기란 결코 쉽지 않다. 더욱이 위기 상황에서 언제든지 숨을 수 있는 세 개의 굴을 가지고 살기란 더더욱 쉬운 일이 아니다. 다가올 위기를 미리 예측하고 잘못되는 경우에 대비해서 셋 이상의 대안을 마련하는 것이 필요하다.

『공짜 치즈는 쥐덫에만 있다(Risky Is the New Safe)』를 쓴 베스트셀러 작가 랜디 게이지(Randy Gage)는 "모든 규칙이 바뀌었다", "기술 혁신으로 무수한 직업이 사라지게 된다. 현재의 직업을 유지하고 싶은 사람은 철저한 재훈련을 받거나 자격증을 따야 한다. 필요한 모든 것을 갖춘 완전한 기업은 사라진다"라고 하면서 하루가 다르게 변화하는 시대에 지녀야 할 사고방식, 부를 창조하기 위해 해야 할 방법 등을 알려준다. 그는 "우리는 자격증이나 박사 학위보다 더 가치 있고 유익하고 유용하게 될 시대를 향해 빠르게 나아가고 있다"며 미래는 언제든지 활용할 수 있는 실용적인 직무 기술의 시대임을 알려 주기도 했다.

오늘날은 회사가 나를 살려 주는 시대가 아니다. 바야흐로 모든 개인이 '기업'이 되는 1인 기업의 시대가 되었다. 1인 기업은 한 사람이 독립적으로 활동하면서 자신의 핵심 역량을 토대로 지속적으로 팔 것을 만들어 낸다. 요리를 다루는 파워 블로거 등 지식 서비스업도 1인 기업의 한 축으로 자리 잡은 지 오래다. 1인 기업에서는 나 스스로 브랜드가 되어야 하고, 사장이자 직원이 되어야 하며, 마케터도 되고 영업사원도 되어야 한다. 월급만큼만 일하겠다, 월급 잘 주는 곳을 찾겠다는 생각은 일찌감치 버리자.

오늘날에는 인터넷 등 정보 기술(IT)의 발달, 기업의 아웃소싱 추세 등 초소형 기업에 우호적인 환경도 조성되고 있음을 고려하여 일자리 창출의 틈새시장이라고 할 수 있는 1인 기업에 관심을 가져야 한다는 의견도 많다. 1인 기업의 활성화는 내수 진작으로 연결

되어 고용은 물론 새로운 부가가치 창출에 이바지하고 기업 생태계 전반에 긍정적인 자극을 줄 수 있다. 지금은 더 다양한 기술, 젊고 유능한 사람들이 지천으로 널린 시대이다. 내가 그들보다 더 잘할 수 있다는 근거, 회사에 기여할 수 있는 자산은 무엇인지 생각해 봐야 한다.

취업을 예정하고 있다면 당신은 지금 회사를 위해서 무엇을 하고 있는지 항상 생각해 봐야 한다. 설령 취업을 했다 하더라도 현재에 만족하고 있으면 안 된다. 회사에서는 취업한 당신에게 투자 회수율을 계산하고 있다. 따라서 당신이 회사에서 월급과 복리 후생을 받고 있다면 그 대가로 고용주에게 이익을 제공하기 위해 해야 할 일이 무엇인지 알아야 한다. 그리고 스스로 사업을 하게 된다면 얼마나 수익을 올려야 투자 대비 회수를 할 수 있는지도 철저히 계산해 보아야 한다.

비켜라 운명아, 내가 간다

운명론을 믿는가? 운명론이란 모든 사물은 예정된 운명에 따라, 일종의 필연성을 지닌 법칙대로 일어난다는 사상, 즉 모든 자연 현상이나 사람의 일은 선천적으로 정해져 있어서, 결코 사람의 힘으로는 변경시킬 수 없다는 체념관, 혹은 숙명론을 말한다. 이러한 운명론을 믿는 것은, 삶이란 사람의 힘으로는 어찌할 수 없는 절대적인 운명의 힘이라고 믿는 것이며, 의지의 자유라든지 섭리(攝理, providence)까지도 부정하는 것이다. 일반적으로 점, 사주팔자, 특정 종교에서 말하고 있는 예정론 등이 이에 속한다.

이러한 운명론은 비단 우리나라뿐만 아니라 세계 모든 나라에서 여러 시대에 걸쳐 존재해 왔다. 엘메르 랑그랑은 "예로부터 인간은 인간과 관련된 여러 사건들에 어떤 필연적인 목적이 담겨 있는지 알아내려고 노력해 왔고, 그런 노력의 일환으로 '신'이니 '운명'이니 '우연'이니 하는 개념들을 도입하게 되는데, 어떤 개념이 도입되느냐 하는 것은 그러한 사건들이 인격적인 특성을 지니고 있는 힘에서 비롯되었는지, 인격적인 특성과는 무관한 질서에서 비롯되었는지, 아니면 완전히 무질서한 근원에서 비롯되었는지에 달려 있다"라고 설명하고 있다. 많은 사람들에게는 삶이 고난의 연속인 반면, 어떤 사람들은 일이 술술 잘 풀려 나가는 것처럼 보인다. 이때 이러한 의문을 가질 수 있다.

'이 모든 일들이 미리 계획된 것인가?'
'나의 삶은 운명의 지배를 받고 있는 것인가?'

우리가 살아가다 보면 때때로 뜻밖의 일들이 많이 일어난다. 하지만 그러한 일을 예측한다는 것은 불가능하며, 좋은 일이든 나쁜 일이든 모든 일들은 시기와 우연의 문제인 경우가 많다. 그런데도 사람들은 그러한 일들이 우연의 산물이라고 여기기보다는 다른 힘, 즉 운명이 작용하고 있다고 생각한다. 그래서 자신에게 일어난 모든 일들은 자신이 태어날 때부터 그렇게 정해진 것이라 생각하면서 모든 일들을 팔자소관으로 돌리게 된다.

내가 어린 시절만 해도 운명은 정해져 있는 것이 아니라고 생각했지만, 나이가 조금 들다 보니 피할 수 없는 운명이라는 것도 있을 수 있다는 생각이 들었다. 내가 군인으로 반평생을 살아간 것이 그러한 예다. 사람이 나고 죽는 것은 나의 의지만으로는 될 수 없는 노릇이다. 하지만 거기까지이고 내가 적어도 숨 쉬며 살아가는 삶 자체는 나의 노력에 의해 어느 정도 바뀔 수 있다고 생각한다. 그것도 운명이라고 여기기 때문이다.

운명이 정해져 있다면 힘들게 공부할 필요가 있을까? 아무리 공부해도 성공하지 못할 것을 미리 안다면 시간과 노력을 기울일 필요가 없을 것이고, 성공을 보장받을 수 있다면 공부에 몰두하여 행복한 인생을 살 수 있을 것이지만 아무도 그 결과를 알 수 없기 때문에 공부에 매진하는 것이다.

운명이 있다, 없다를 섣불리 말하기 어렵다. 본인도 어느 정도 운명이라는 것은 존재한다고 생각하지만, 운명이 있다, 없다를 따지는 것은 별로 의미 없어 보인다. 그것을 과학적으로 입증하기 어려울 뿐만 아니라 입증한다 해도 그것을 자유자재로 활용할 방법은 없어 보이기 때문이다.

혈기 왕성한 젊은 시절에는 운명이든 뭐든 다 개척할 수 있다고 생각했다. 하지만, 나이가 어느 정도 들고 보니 운명이란 것은 우리 삶에 일정 부분 작용하는 것이 아닌가 하는 생각이 문득 들 때가 있다. 사람의 힘으로 어쩔 수 없는 일들이 너무나 많기 때문이다.

내가 강조하고 싶은 것은 어떻게 하면 운명론이나 운명적 결정론에 굴복하여 '될 대로 되라' 식의 '체념상태'를 벗어날 수 있는지이다. 운명은 천명이나 섭리가 아니고 극복 혹은 창조의 대상이라고 생각해왔지만, 이에 어느 정도 중용이 필요해 보인다.

점이나 사주팔자, 사주, 관상 등은 통계학적으로 일리는 있기에 참고는 하겠으나 전적으로 기대어서는 안 된다는 것이 필자의 지론이다. 모든 일을 하나님의 뜻, 부처님의 뜻, 알라신의 뜻, 천부의 뜻 등으로 여겨서도 곤란하다. 만사를 신의 뜻으로 여길 때 이성과 사고가 마비될 수 있다.

나폴레옹도 "나의 실패와 몰락에 대하여 책망할 사람은 나 자신밖에는 없다. 내가 나 자신의 최대의 적이며 비참한 운명의 원인이었다"라고 말했으며, 헤르만 헤세는 "인간은 각자 모두 자신의 운명을 손에 쥐고 있다. 완전히 자신의 작품이며 자신의 것인 생활을 창조하지 않으면 안 된다"라고 말했다. 결국, 운명이라는 것은 완벽히 정해진 것이 아니라, 나의 의지와 노력, 행동에 의해서 바뀔 수 있다는 것이다. 따라서 모든 것을 팔자소관이라고 생각하는 것은 바람직하지 않다. 잘 되든 안 되든 모든 것이 자신의 팔자에 의한 것이라고 생각하는 순간, 인생은 살아갈 목적과 의미를 상실하고 만다.

나는 20년 이상을 군인으로 살다가 전역과 함께 사회인으로 돌아와 전역 전문가로 운명을 개척했다. 군대에서 밀려난 후 내 팔자가 여기까지라고 생각했다면 지금쯤 집에서 무위도식하면서 가끔 동네나 산책하는 평범한 노인이 되었을지도 모른다.

막상 사회에 나와서 느낀 것이지만, 쓸모없는 존재가 된다는 두려움은 전역을 앞둔 군인에게만 해당하는 것이 아니었다. 사회생활을 하는 누구든 이런 두려움에서 결코 자유롭지 못하다는 것을 알게 되었다. 전역을 앞둔 당신만 힘든 것이 아니다. 상시 구조 조정의 시대인 지금 직장에 다니고 있는 사람은 물론이고 기업의 CEO까지도 이러한 두려움을 가지고 살고 있다. 전역을 앞두고 '나만 이렇게 쓸모없어지는구나'와 같은 자포자기의 심정이나 감상은 버리도록 하자. 결코 약해지지 마라. 아니, 약해질 필요가 없다. 적어도 남은 운명은 스스로 개척할 수 있지 않겠는가?

실체를 알고 두려움에 맞서기

사람은 누구나 목표를 세우고 그 목표를 이루기 위해 노력한다. 그러나 그 과정이 결코 순탄하지는 않다. 어려움에 봉착하기도 하고 좌절하기도 하며 그 결과 실의에 빠져 많은 나날을 보내기도 한다. 이러한 것들은 운명의 전환점이 되기도 하는데, 어떠한 마음가짐을 갖느냐에 따라서 성공적인 인생이냐 실패한 인생이냐가 판가름 난다. 잘나가는 사람에게 사소한 실의나 어려움은 살아가는 과정에서 겪게 되는 시시콜콜한 에피소드일 수 있다. 그러나 인생의 즐거움을 별로 맛보지 못한 사람에게는 사소한 실의도 커다란 어려움으로 여겨진다. 나보다 잘난 사람과의 비교를 통해 느끼게 되는 열등의식이 지나친 나머지 스스로 어려움을 개척해 나가고자 하는 의지가 약해지거나 아예 없어질 수도 있다. 이는 자신에게 치명적인 상처로 남는다.

그런데 인류의 역사를 유심히 살펴보면 모든 문화는 열등감을 기반으로 발전해 왔음을 알 수 있다. 과학 기술의 발전도 인류의

무지에 대한 자각과 장밋빛 미래에 대한 동경에서 비롯된 노력의 산물이다. 무지는 인간의 삶에서 반드시 극복하고 청산해야 할 대상이다. 무지는 두려움을 만들어 내는 씨앗이다.

『손자병법』의 세 번째 장인 모공편(謀攻篇)에서는 "지피지기(知彼知己)면 백전불태(百戰不殆) ; 적을 알고 나를 알면 백 번 싸워도 위태롭지 않다"라고 하였다. 즉, 나를 알고 싸울 대상을 알아야 한다는 말이다. 이 말은 다가오는 상황이 안갯속과 같아서 어떤 변수에 의해 어떤 위기가 올지 모르므로 충분히 분석하고 대비해야만 위기를 극복할 수 있다는 것이다.

군대든 사회든 모르는 적이 가장 무섭다. 그렇지만 적의 실체를 알고 나면 그다음부터는 상대에 대한 분석과 함께 대응 방안이 나오기 마련이다. 사실 전역이 두려운 이유는 사회에 대한 실체도 모르고, 앞으로 내가 무엇을 해야 할지도 알지 못하기 때문이다. 하지만 실체를 알게 되면 두려움의 정도가 줄어들 수밖에 없다. 그렇다면 실체를 파악할 수 있는 가장 빠른 길은 무엇일까? 그것은 책이다. 짧은 시간 동안 모든 것을 다 경험할 수는 없다. 그러한 경험들은 책을 통해서 습득할 수 있다. 다양하고 고급스러운 정보들이 책 속에 담겨 있기 때문이다. 더욱이 앞날에 대한 변화의 실체를 어느 정도 감지하게 해 주고, 인생의 실체를 파악하게 해 주는 것도 책이다.

전역 후에 맞닥뜨리게 될 사회생활의 실체를 어느 정도 파악하게 된다면 자신의 직업도 발견하게 될 것이다. 그것이 기업일 수도, 자영업일 수도, 1인 기업일 수도 있다. 이 시점에서는 다음과 같은 전략을 취해야 한다.

첫째, 자신이 목표로 했던 가능성과 기회를 끊임없이 발견해야 한다.

자신이 가야 할 분야가 어디인지 시간을 가지고 꼼꼼히 따져 봐라. 사업을 할 것인지, 취업을 할 것인지, 1인 기업가가 될 것인지 장단점을 폭넓게 조사하라. 뭐든지 단번에 이루어지는 일은 거의 없다. 새로운 경쟁자를 만나게 되는 경우도 있다. 이때 나의 강점과 약점은 무엇인지, 상대의 약점과 강점은 무엇인지 파악한 후 경쟁에서 이길 수 있는 전략은 무엇인지 살펴야 한다.

내부 환경과 외부 환경을 분석하여 강점(strength), 약점(weakness), 기회(opportunity), 위협(threat) 요인을 규정하고 이를 토대로 경영 전략을 수립하는 기법으로 SWOT 분석이라는 것이 있다.

강점(strength): 내부 환경의 강점
약점(weakness): 내부 환경의 약점
기회(opportunity): 외부 환경에서 비롯된 기회
위협(threat): 외부 환경에서 비롯된 위협

SWOT 분석은 자신이 처해 있는 환경 및 상황과 능력을 파악한 후 대응 방안을 모색하는 전략 기법이다. 따라서 목표와 비전을 함께 고려하여 강점과 약점, 기회와 위협 요인에 대해 지속적으로 분석하고 평가함으로써 전략적인 대응을 할 수 있게 된다.

SWOT 분석을 통한 개인의 전략을 예시로 보면 다음과 같다.

S	나의 강점은 무엇인가?	나의 약점은 무엇인가?	W
	■미리미리 준비하는 생활 습관 → 시간 개념이 확실함 ■꼼꼼하고 세심한 성격 → 작은 부분도 놓치지 않는 꼼꼼함 ■성실함을 바탕으로 한 높은 학점 → 기본에 충실함 ■뛰어난 분석 및 기획력 → 같은 내용이라도 더 돋보이게 　하는 구성력	■즉흥적 → 즉흥적인 의사 결정으로 손해를 봄 ■부족한 외국어 능력 → 실무 능력이 떨어짐 ■긴장을 많이 함 → 수없이 연습을 해도 긴장이 풀리지 　않음 ■술을 못 마심 → 간혹 인간관계에서 어려움을 겪음	
	■오랜 취업 준비 경험 → 다양한 교육 이수를 통한 경험 ■스펙보다 실무형 인재를 뽑는 추세 → 인문학적 소양 및 커뮤니케이션 능력 ■2년 남은 군인 신분 → 군인으로서 갖춰야 할 기본 소양 　충실	■취업난 가중으로 날로 심해지는 　취업 경쟁 ■국내 경기 불안 ■국가 경쟁력 저하에 따른 인재 채용 　감소	
O	나에게 기회는 무엇인가?	나에게 위협은 무엇인가?	T

둘째, 교전 방식을 선택해야 한다.

교전이란 축구 경기에서 선수들이 공을 앞뒤로 패스하면서 필드를 내달리는 것과 흡사하다. 공격수들은 정면 돌파를 하기도 하고, 측면 돌파를 통해 문전에 공을 연결하기도 한다. 세트피스 상황을 이용한 공격 전술도 필요하다. 수비 측 전술에는 대인 방어도 있고, 지역 방어도 있다. 수비에 치중하다가 역습을 감행하기도 한다. 이처럼 다양한 교전 방식을 통해 서로 많은 득점을 올리기 위해 양 팀에서는 밀고 밀리는 접전을 계속 이어 나가는 것이다.

경쟁자와 직접 맞닥뜨리기보다 경쟁자가 없는 곳은 어디인지 집중적으로 파악하는 일도 필요하다. 또한, 장기적으로 내게 유리한 이익을 가져다주는 기회가 있다면 그것에 집중하는 것도 괜찮다. 하지만 블루오션이 아닌 레드오션에 관심을 가지는 것은 무모한 일이다. 처음에는 블루오션으로 여겨지던 사업도, 경쟁자가 늘어나다 보면 순식간에 레드오션이 되는 경우가 자주 있기 때문이다. 컴퓨터가 존재하지 않았던 시절에 어느 날 누군가 컴퓨터라는 새 상품을 내놓고 폭발적인 수요로 말미암아 경제적 이득을 취하자 너도나도 앞다투어 컴퓨터를 출시하게 되었다. 일정 기간이 흐른 후에 컴퓨터 수요가 점차 한계치에 다다르면서 누군가가 새로 컴퓨터 제품을 내놓더라도 수요가 더 늘어나기보다는 기존의 수요를 나눠 갖는 정도에만 머무르게 되고, 그마저도 어지간히 뛰어나지 않은 이상 기존의 생산자들에게 밀려 망할 가능성이 높아졌다. 이미 포화 상태가 된 사업은 해당 시장에서 수요가 거의 한계에 도달한 산업들이기에 신규 진입이 어렵게 되어 제로섬 게임 양상으로 흘러가게 된다. 더욱이 신규 수요자도 거의 없는 상태이기 때문에 기존 사업자들의 손님을 빼앗아 오거나 기존 사업자들을 도태시키지 않고서는 사업을 진행할 수 없는 상태가 된다. 어떤 것이 블루오션 종목이 될지 주도면밀하게 살펴봐야 할 중요성이 바로 여기에 있다.

셋째, 탐색은 멈추지 말고 계속 이어져야 한다.

사회는 경쟁이 판을 치고 있고, 그 경쟁에서 살아남기 위한 개인, 기업 간의 몸부림이 처절하다. 그런데 경쟁이 없는 상황이라면 어떻게 될까? 애플의 '아이폰'이 없었더라면 삼성전자의 '갤럭시폰'이 등장할 수 있었을까? 경쟁이 없는 사회에서 기업이 소비자의 욕구를 파악하고 서비스 개선에 노력을 기울일 수 있을까? 결국, 경쟁 속에서는 현실에 안주하고 있을 수 없다. 치열한 경쟁 시장 속에서 살아남기 위하여 연구에 연구를 거듭하고 새로운 아이디어를 창출하는 데 노력을 쏟게 된다.

서울의 K미용실은 차별화된 마케팅 전략으로 다른 프랜차이즈 미용실과의 경쟁에서 살아남았다. K미용실의 가격은 할인 이벤트가 많은 여타 프랜차이즈 미용실보다 싼 편은 아니었지만 손님들을 위한 세심한 배려와 서비스를 무기로 감성 마케팅을 펼쳐 시장에서 살아남았다. 서비스 업종의 경우, 소비자들은 대량 생산에 의해 싸게 공급되는 물건보다는 다양한 서비스와 세심한 배려를 더 선호하게 마련이다. 특히, 고객과의 거리를 얼마나 가깝게 하느냐에 따라 성패가 결정되는 것이 서비스업이다. K미용실은 소비자의 욕구를 정확하게 분석하고 이를 실행함으로써 성공을 거둔 경우다.

위의 사례를 보며 시장 상황에 대한 냉철한 분석과 탐색이 끊임없이 이어져야 함을 알 수 있다. 군대에서는 직접 전장에 정찰을 나갔지만, 직업의 세계에서는 다양한 정찰 도구를 사용하여 정찰에 나서야 한다. 특히, 지식·정보화 사회를 살아가는 우리에게 지식과 정보의 원천인 책과 인터넷은 최첨단 정찰 도구가 될 수 있다. 이들 도구를 제대로 활용함으로써 자신의 생업 분야를 항상 정찰하고, 고객의 트렌드를 이해하여 그에 맞는 마케팅 전략을 구사하는 것이 경쟁에서 살아남을 수 있는 첩경이 되는 것이다.

넷째, 계속 싸울 것인지, 후퇴할 것인지 결정해야 한다.

생업에 종사하게 되면 하루하루가 경쟁의 연속이다. 실제 전쟁터에서는 쉴 새 없는 전투가 벌어진다. 만일 전투를 멈춘다면 전쟁에서 이길 수 있을까? 전투에서는 질 수도 있고 이길 수도 있다. 하지만 전투를 통해서 얻을 수 있는 것은 무엇인지, 계속 싸우는 것이 유익한지 아니면 손을 털고 나올 것인지 빠르게 판단해야 한다. 안 되는 일, 지는 일에 계속 붙잡힐 이유는 없다. 프로 스포츠 경기에서 점수 차가 벌어져 전세를 뒤집을 수 없음에도 계속 승부에 집착하는 것만큼 어리석은 일이 있을까? 지쳐 버린 에이스급 선수들을 뛰게 할 필요가 있을까? 2진급 선수들로 멤버를 교체하여 주전 선수들에게 휴식을 주고, 패인을 분석하여 다음 경기에서는 반드시 이길 수 있는 전략을 새로 짜는 것이 바람직할 것이다.

손무는 자신의 병법서에서 전쟁은 국민의 생사가 달려 있으므로 전쟁을 시작하기 전에 신중한 관찰과 연구를 통하여 적과 나의 전력을 제대로 비교 분석해야 한다고 했다. 또한 유명한 '36계'는 승산이 없이 위태로운 상황이라면 피해가 커지기 전에 퇴각하는 것이 상책이라는 전술로서, 시사하는 바가 크다. 갈 때와 멈출 때, 진격할 때와 후퇴할 때를 잘 판단해야 한다.

근거 없는 낙관주의를 경계하라

"뭐 잘되겠지!"

이런 말을 들으면 어떤 생각이 드는가? 참 긍정적이지 않은가? 아쉽게도 이런 말은 전혀 긍정적이라 할 수 없다. 오히려 '위험'하다. '잘 되겠지'라는 것은 냉정하게 말하면 긍정이 아니라 근거 없는 낙관주의이다. 무척 위험하다. 침몰하는 배에서 '괜찮아 잘 될 거야'라는 말은 별 의미가 없다.

추락하는 비행기에서 '괜찮아 잘 될 거야'라는 말 역시 별 의미 없다. 근거 없는 낙관은 오히려 생존의 가능성을 줄여버린다. 배가 침몰하면 '잘 되겠지'라는 생각을 하는 것이 아니라, 빨리 갑판으로 나가 구명조끼를 챙겨입고 바다 위로 뛰어들든 행동을 해야 생존 확률을 높인다.

'스톡데일 패러독스(Stockdale paradox)'라는 것이 있다. 짐 콜린스의

『좋은 기업을 넘어 위대한 기업으로(Good to Great)』라는 책에 소개된 일화이다. 스톡데일의 본명은 제임스 본드 스톡데일(James Bond Stockdale, 1923.12.23~2005.7.5)로 미국의 해군 장교인데 베트남 전쟁 당시, 8년간 포로 생활을 지낸 사람이다.

스톡데일은 포로가 되어 약 90㎝×275㎝의 독방에 감금되었는데 제임스 C. 콜린스는 그의 책『좋은 기업을 넘어 위대한 기업으로(Good to Great)』에서 당시 상황에 대한 스톡데일과의 대화를 다음과 같이 기술했다.

> "저는 언젠가 그곳을 나갈 수 있을 거라는 믿음을 버리지 않았을 뿐만 아니라 더 나아가 당시의 상황이 무엇과도 바뀌지지 않을 제 삶의 소중한 경험이 될 것임을 의심한 적도 없습니다."

그런 상황을 이겨내지 못 했던 사람들에 대해 콜린스가 묻자 스톡데일은 다음과 같이 답했다.

> "불필요하게 상황을 낙관한 사람들이었습니다. 그런 사람들은 크리스마스 전에는 나갈 수 있을 거라고 믿다가 크리스마스가 지나면 부활절이 되기 전에는 석방될 거라고 믿음을 이어 갔습니다. 그러나 부활절, 이어진 추수감사절까지도 석방 소식은 들려오지 않았고 결국 상심이 커져 죽게 되었습니다."

콜린스는 이를 두고, 스톡데일 패러독스(Stockdale Paradox)라고 불렀다.

다시 설명하자면 스톡데일 장군은 수용소에서 포로 생활을 견디지 못하고 죽은 사람의 대부분이 낙관주의자였다고 설명한다. 낙관주의자들은 '6개월 뒤에는 풀려날 수 있겠지'라며 스스로를 위로하고, 6개월이 지난 시점에는 '1년 뒤에는 나갈 수 있겠지'라는 생각으로 하루하루를 버티다가 결국 현실이 바뀌지 않자 상심해서 죽음에 이르게 됐다는 것이다. 실제 현실은 냉혹하지만 근거 없는 낙관주의자들은 이러한 현실을 부정하고 장밋빛 미래만을 그리는 경향이 있었다. 하지만 스톡데일 장군은 언젠가는 나갈 수 있다는 희망을 버리지 않되, 단기간에 풀려날 가능성은 거의 없다는 사실을 인정하고 이에 대비했고, 결국 살아남아 미국으로 돌아올 수 있었다고 한다.

우리들도 살아가면서 긍정의 힘이라면서 '근거 없는 낙관주의'를 떠올리곤 한다. 언젠가는 잘될 거라는 막연한 기대감과 희망만 갖고 종교로, 운동으로 도피한 채 현실을 직시하지 않는 것이다.

'나 정도의 계급에 어디든 못 갈까?' 하는 생각 역시 근거 없는 낙관주의에 불과하다. 전역 후면 좋은 직장으로 옮길 수 있을 것이라고 생각하는 현역 군인들은 전역 후 멋진 전원주택을 짓고 여행을 다닐 것이라고 생각하는 등 누구나 보다 나은 미래를 꿈꾸고 희망한다.

하지만, 이것은 미래를 꿈꾸고 있을 뿐 미래에 대해서 전혀 투자는 하지 않고 단지 희망만 하는 '근거 없는 낙관주의'일 뿐이다. 냉혹한 현실을 잘 아는 사람들은 단지 희망만 하는 것이 아니라 실천하는 사람이고, 이러한 실천을 통해 현실을 극복하고 더 나은 미래로 갈 수 있는 가능성을 높인다. 한때 잘나가던 회사가 순식간에 문을 닫거나 한때 잘나가던 스타들이 한순간에 몰락하는 케이스의 대부분은 현실을 직시하지 않고 단순히 '잘 될 거야'라는 근거 없는 낙관주의에 휘둘려 위기극복을 위한 액션의 골든타임을 놓쳤기 때문이다.

퇴직자들이 퇴직금으로 근거 없이 '잘 될 거야'라고 생각하며 무턱대고 커피숍이나 치킨 집을 차리는 것도 마찬가지다. 아무런 준비 없이 그저 '잘 될 거야'라는 근거 없는 낙관주의가 몰락을 부르는 것이다. 근거 없이 '잘 될 거야'라며 거액의 투자금을 실체 없는 회사에 투자하는 것도 이와 비슷한 논리이다.

근거 없는 낙관주의자가 아니라, 약간의 냉정함이 필요하다.

세상일은 정말 알 수 없는 것이다. 언제 어디서 무슨 일이 벌어질

지 모르기 때문이다. 그럴 때도 살아남으려면 미리미리 준비해야 한다. 잘나가던 현역 군인이 갑자기 군복을 벗어야 하는 것은 한순간이다. 미리 알면 다행이지만, 모르고 당하면 더 큰 충격이다.

필자의 경우 '누구나 전역을 하게 된다'는 전제를 세워놓고 전략을 세워나갔다. 애초에 3년 정도만 준비하면 되지 않을까 하는 생각을 가졌는데, 실질적으로 충분치 않다고 판단하여 애초에 5년 정도를 전역 준비에 할애하였다. '지금 잘나가는데 앞으로도 잘 될 거야'라는 근거 없는 낙관주의를 애초에 버리고, '갑자기 옷을 벗게 될 경우 나는 무엇을 할 것인가?' 라는 질문과 함께 나의 플랜B를 준비했고 그 결과 나쁘지 않게 전역 이후의 삶을 살고 있다.

뭔가 문제가 생긴 후 부랴부랴 준비할 때는 이미 시기를 놓친 경우가 많다. 경험상 건강이 그러하고, 사업이 그러하며, 직업이 그러하다. '무슨 문제가 발생했구나!'를 알게 되는 순간 이미 문제가 상당 부분 진행되어 손 쓸 수 없게 되는 경우가 많다. 근거 없는 낙관주의를 버리고 플랜B의 전략을 미리미리 세워 적용해야 한다.

책 속의 길을 만나라

이미 앞에서도 누누이 얘기했지만 책과 독서의 중요성은 아무리 강조해도 지나치지 않다. 내가 누누이 독서를 강조한 이유는 책이 살아가는 길에 대한 안내 역할을 제대로 해 주기 때문이다. 20여 년의 시간 동안 군 복무를 하면서 뼛속까지 군인으로 살았던 나는 전역과 함께 사회에 첫발을 디딜 때까지 손에서 책을 놓은 적이 없었다. 책 속에는 수많은 길이 있고, 그 길을 따라 걸어가다 보니 지금 치열한 사회에서 생존하게 된 것이다.

> 이제 이 모든 걸 되돌아보면 훗날 어디선가
> 나는 한숨을 쉬며 이야기할 겁니다.
> 숲 속엔 두 갈래 길이 있었다고,
> 나는 사람이 적게 간 길을 택하였다고,
> 그리고 그것 때문에 모든 것이 달라졌다고.
>
> **- 로버트 프로스트, '가지 않은 길'**

누구든 '시작'은 텅 빈 공간에서 한다. 그러나 그 출발을 어떻게 시작하는지는 사람마다 다르다. 프로스트가 '가지 않은 길'에서 읊었듯이 내 앞에 난 두 갈래 길 중에서 나에게 맞는 길을 선택해야 미련도, 후회도 적다. 좌충우돌하면서 뼈아픈 경험을 견뎌내야 나중에 맛보게 될 인내의 열매가 귀한 보배가 된다. 이러한 길을 제대로 갈 수 있도록 해 주는 조언자는 책이다. 유명한 위인들도 책의 중요성을 설파하고 있다.

독서가 정신에 미치는 영향은 운동이 육체에 미치는 영향과 같다.
                                                    - 에디슨

좋은 책을 읽는 것은 과거의 가장 뛰어난 사람들과 대화를 나누는 것과 같다.
                                                    - 데카르트

책을 사느라고 돈을 들이는 것은 결코 손해가 아니다. 오히려 훗날 만 배의 이익을 얻을 것이다.
                                                    - 왕안석

독서는 정신의 음악이다.
                                                    - 소크라테스

오늘날 나를 만든 것은 하버드 대학이 아니라 동네의 작은 도서관이었다.
                                                    - 빌 게이츠

나는 그동안 다방면의 책을 읽었고, 책에 기대며 살아왔다고 해도 과언이 아니다. 책을 통해서 몰랐던 사실도 많이 알았고, 일을 하다가 막히는 일이 생기면 책을 통해 해결책을 찾았으며, 책을 통해 세상을 배우고, 때로는 책에서 위로를 받기도 했다. 그래서 나에게 책은 학교이자 스승이자 길잡이였으며 생존 전략으로까지 자리매김했던 것이다.

그 때문에 나는 '책 속에 길이 있다'라는 소중한 진리를 강조하는 것이다. 여기에서 '길(Way)'이라는 말은 우리가 원하는 목표에 도달하는 전 영역을 말한다. 즉, 내가 원하는 것을 이루는 모든 방법이 책 속에 있다는 말이다.

우리가 세상을 살아가는 것은 자신의 목적을 달성해 가는 과정이며, 그 목적 달성에 가장 중요한 요소가 바로 역량이다. 그리고 책은 그 역량을 개발하는 데 가장 효과적인 도구이다. 사실 요즘 사람들은 인터넷과 텔레비전의 영향으로 읽는 것보다는 보는 것에 익숙해졌다. 반응에만 집착하여 모든 가치 기준이 재미에만 쏠려 있다. 그래서 생각은 사라지고 획일화된 사람들 천지다. 자기 생각은 사라지고 남이 생각한 것을 그대로 수용하거나 복사하는 것에만 익숙해져 버렸다. 그러나 우리는 책을 읽음으로써 천편일률적인 생각에 변화를 줄 수 있다. 우리가 책을 통해 얻을 수 있는 것은 단순한 정보나 지식이 아니다.

삶에 대한 폭넓은 지혜, 세상을 바라보는 법, 사람을 제대로 사랑하는 마음을 책에서 얻는다. 이를 통해 나 자신의 변화를 만들어 주는 것이다. 작은 변화에 불과하지만 그것은 결국 나의 인생을 바꾸고 내 직장을 바꿔 준다. 책 속에서 만난 수많은 지식과 간접 경험들이 있기에 미래에 대한 불안감도 상대적으로 적다. 책을 통해 상상하지 못했던 많은 것들을 경험할 수 있었기 때문이다.

또한 책은 창조와 성장, 발전을 위한 길을 제시해 준다. 마비된 생각, 치우친 생각을 바꾸어 행동에 변화를 보이고 세상의 깊이와 넓이를 알게 되는 길이 바로 책 속에 있는 것이다. 강자가 되고 싶은가?

변화무쌍한 세상에서 내가 접하는 많은 것들을 제대로 이해하고 그 속에서 변해 가는 자신을 발견하는 한편, 진정한 강자가 되기 위해서는 책을 읽어야 한다. 좋은 책은 변화의 길을 밝혀준다. 책을 읽는다면 변화는 당연한 것이다. 변화는 생명의 존재양식이기 때문이다.

그럼 책을 어떻게 읽을까?

우선 좋아하는 분야부터 읽어나가자. 최근에는 인문학 서적이나 역사서도 많다. 무턱대고 어려운 책, 두꺼운 책부터 읽으면 금방

싫증 나게 마련이다. 본인이 만화책이 좋다면 만화책부터 읽자. 자기계발서가 눈에 끌린다면 자기계발서부터 읽어나가자.

차츰차츰 읽어 나가다 보면 어느 순간 다른 분야가 궁금해진다. 그럼 그때부터 좀 더 확장해서 읽어나간다. 자기계발서만 읽다 보면 대략 내용이 거기서 거기라는 것을 알게 되는데, 그때부터 인문학 서적에 조금씩 접근해보자. 자기계발서보다 더 진한 감을 느낄 수 있다.

경영학이나 경제학처럼 어려운 이론을 학습해야 한다면, 만화처럼 쉽게 접근할 수 있는 것부터 읽어나가자.

명심하자. 변화라는 것은 한순간에 일어나지 않는다. 책 한 권을 읽고 변화가 일어나는 것은 좋은 일이지만, 그 책의 내용과 똑같이 순식간에 변화가 일어나는 일은 없다. 요리책 한 권을 읽고 훌륭한 요리사가 되지 않는 것처럼 말이다.

한 권, 두 권, 세 권, 네 권… 이렇게 한 권 한 권이 쌓이면서 사람은 차츰 변해 간다. 책 읽기는 가볍게 시작하자.

그다음은 속독이냐 정독이냐를 고민하게 될 것이다.

어떤 책을 보면 1시간에 1권씩 읽는 방법을 소개하는 초능력 속독법도 있다. 처음에는 그렇게 읽는 것이 대단한 것인줄 알았다. 하지만, 그것은 특별한 것이 아니었다.

본인에게 즐거운 책이라면 읽는 속도가 빨라져 빨리 읽히는 것이다. 그런데 속도가 빨라지면 이해하지 못하고 넘어가는 부분이 아무래도 많아진다. 그럴수록 또다시 재미가 없어진다. 책을 읽는 속도는 책 읽기와 아무 관련 없다고 생각한다.

어떤 이들은 책 읽는 시간을 줄이기 위해서 요약본 혹은 에센스를 구입해 읽어나가기도 한다. 하지만 에센스나 요약본은 아는 척을 하는 데 유용하지만, 생각을 제약하여 앎이 삶이 될 수 있도록 도와주지 못한다. 책 읽기의 속도만 중시하다가는 글의 진정한 의미를 놓치기 쉬우므로 조심해야 한다.

책 읽기가 중요하지, 책 읽는 속도처럼 기술적인 부분은 전혀 신경 쓸 일이 아니다. 따로 속독 학원을 다니며 훈련하지 않아도 된다고 조언하고 싶다.

본인에게 맞는 책을 선택했다면, 그다음은 무조건 읽자. 그리고 가급적 기록하자. 문구점에서 파는 1,000원짜리 노트라도 사서 언제 읽었는지 무엇이 가장 감동적이었는지 적어보자. 책 한 권에 한 페이지씩 이렇게 정리해놓으면 나중에는 큰 자산이 된다.

나만의 시간을 갖자

현대인들은 바쁘다. 무엇인가 끊임없이 해야 한다. 손안에 스마트폰이 생기면서 24시간 무엇인가 끊임없이 주의집중과 정보습득을 강요받는다. 심지어 잠자기 직전까지 이메일을 확인해야 하며, SNS는 물론 문자메시지를 확인한다.

더불어 끊임없이 변화하는 시대에 발맞추어 자격증을 취득해야 하며, 끊임없이 학력을 갱신해야 한다. 연수도 받아야 하며, 부족한 것이 있는지 없는지 살펴봐야 한다. 꾸역꾸역 머릿속에 무엇인가 인풋 데이터를 집어넣기에 바빠진다.

돌이켜보니 필자도 그러했다. 이러다가 나만 뒤처지는 것은 아닌가, 이렇게 도태되는 것은 아닌가 하는 두려움에 밤잠을 줄이고, 공부를 하고 책을 읽고 미친 듯이 머릿속에 데이터와 정보, 지식을 주입하기 시작했다.

그렇게 어느 정도 효과를 보기는 했다. 몇 개의 자격증도 취득했고 뒤떨어지지 않는 수준의 지식도 갖추게 되었으니 말이다. 하지만 꾸역꾸역 지식을 입력하고, 머릿속에 데이터를 주입하다 보니 생각도 바뀌고 좋았지만 문제는 과부하가 걸린다는 것이었다. 텅 빈 항아리에 뭔가를 채우는 것까지는 좋지만, 비워내지 않고 계속 채워 넣으면 언젠가 항아리는 흘러넘치게 되는 것처럼 내 머릿속에서도 그런 문제들이 시작되었다.

나이와 관계없이 잦은 건망증과 원인을 알 수 없는 짜증들이 자주 일어나 가족, 지인들과 문제가 되었다. 쉴새 없이 강박적으로 무엇인가 해야 한다는 생각이 결국 내게 문제를 일으키고 만 것이다.

미국 샌프란시스코 캘리포니아대(UCSF) 과학자들의 연구에 따르면 디지털 정보에만 익숙해진 두뇌일수록 창조적인 탐구 능력을 발휘하기 어렵다고 발표했다. 정보를 소화하는 시간도 없이 계속해서 디지털 정보를 받아들이게 되면 정보들 응용하는 능력이 덜 길러지기 때문이다. 그래서 과학자들은 뇌의 활동성과 기억력을 높이기 위해 일이 끝나면 모바일 기기와 떨어질 것을 권한다. 쉬는 시간이 있어야 뇌가 창조적 활동을 할 수 있으며, 장기 기억도 높아진다고 한다.

끝없이 이어지는 이메일, 문자메시지, 전화, 컴퓨터 화면 속의 자료들… 게다가 복잡한 회사 일, 인간관계, 숱하게 많은 기억들이 모두 정리되지 않고 마치 컴퓨터 내 불필요한 파일처럼 쌓여 나의 기억력과 사고력을 저하시키기 시작한 것이다.

우리의 머리는 멀티플레이가 되지 않는다. 한 번에 하나씩만 처리하게끔 되어 있다. 하지만 우리들은 밥 먹으면서 TV를 보고 동시에 이메일을 확인하고, 문자메시지를 보낸다. 얼마 전에 알게 된 내용이지만, 현대사회를 살아가는 어른들 역시 일상적인 생활 습관으로 인해 ADHD를 앓게 된다.

ADHD란 '주의력 결핍 과다행동 장애'라고 부르는데 이 병의 특징은 지속적으로 주의력이 부족하여 산만하고 과다 활동, 충동성을 보이는 상태를 말한다.

내가 보여준 행동은 ADHD의 증세와 일부 동일했기에 나는 그 다음부터 휴식과 휴일에 집중했다. 가급적 잠자기 전에는 TV도 보지 않았다. 핸드폰은 꺼놨으며 잠잘 때는 7시간 이상 자려고 노력했다. 한 번에 하나씩만 처리하기 위해서 스마트폰을 보면서 운전을 한다든가, 문자를 보내면서 식사를 한다든가 하는 행동은 절대로 하지 않으면서 상태는 다시 호전되기 시작했다.

이제는 아예 혼자만의 시간을 갖기 위해 노력한다. 잠깐 생각해 보니 내 평생 나만의 시간을 가져본 적은 거의 없었던 것 같다. 그저 치열하게 하루하루 전쟁 치르듯 살았다. 명목상 가족을 위해, 국가를 위해 이렇게 열심히 사는 것이라고 말했지만, 사실 나의 욕심 때문에 그렇게 산 것처럼 보인다.

새벽 시간에 일어나 가족도, 휴대폰도, 컴퓨터도 없이 혼자 있는 시간을 갖는다. 꽤 괜찮다. 처음에는 어색하고 어디선가 밤새 연락 온 곳이 없었나 하는 생각에 휴대폰 생각이 간절했지만, 조금 지나니 그렇게 홀가분할 수 없다. 새벽에 일어나 가족에 대한 의무나 책임과도 내려놓고 혼자 뒷산에 오르기도 하고, 먼 산을 하염없이 쳐다보기도 하며 종이 위에 내키는 대로 낙서를 하기도 한다.

새벽 시간에 일어나서 무슨 해괴한 짓인가도 싶지만, 나만의 시간을 누리는 재미가 쏠쏠하다. 때로는 과거로 돌아가 나를 후회하기도 하며, 때로는 책장을 넘기면서 혼자 눈물을 흘리기도 한다. 눈물은 사나이가 흘리면 안 되는 것이라고 하지만, 나만의 시간에 나 혼자 뭘 하든 무슨 상관이랴.

조만간 일주일 중 하루는 나만의 날을 정해서 내가 하고 싶은 취미활동에 집중하고 싶다.

모든 외부활동은 차단한 채 나만의 시간을 가지고 싶다.

뉴스에 따르면 한국인들은 치열한 직장 생활과 노후 준비, 가족 부양과 자녀 교육으로 인해서 바쁘게 살다 보니 자기만의 시간이 고작 55분이며 은퇴할 때 가장 후회하는 것은 젊었을 때 자기만의 시간이 없었다는 것이라고 한다.

이러다 보니 자신의 적성을 발견하고, 키워보려는 의욕이 OECD 국가 중 가장 낮은 편에 속하고, 그저 하루하루는 남이 시키는 대로, 혹은 누군가를 위해서 아니면 그냥 되는 대로 살아가는 것이다.

달라이라마가 "진정으로 원하는 일을 위해 '특별히' 시간을 내지 않는다면, 늘 해야 할 일이 넘칠 것이고 늘 너무나 바쁠 것이다"라고 한 말을 곱씹어보자.

할 일이 많고 갈 길이 천 리 만 리라서 쉬는 것이 사치처럼 느껴질 수도 있다. 하지만 쉴 때는 확실히 쉬어야 한다. 그래야 뇌도, 몸도 마음도 모두 정상 작동한다. 우리의 몸은 기계가 아니다. 게다가 제대로 쉬지 않으면 우리에게는 더 늙어서 후회만 남게 된다.

필자는 군대에서부터 늘 치열했다. 작전의 기획을 다루다 보니 24시간이 늘 긴장의 연속이었다. 심지어 삶 자체도 계획, 혹은 기획이 되어야 안심된다고 느꼈다.

하지만 최근에서야 취미나 자유시간만큼은 기획되지 않아야 한다고 느꼈다. 아무도 기획하지 않는 자유를 스스로 만끽할 수 있는 삶의 여유를 이제야 조금 발견한 것 같다.

군대에 있는 동안 사회의 흐름에 대하여 잘 몰랐는데 군대를 나와서 1년을 살다 보니 알면 알수록 참 재미있는 세상이다. 사실 마음만 먹으면 세계여행은 물론이거니와 드론이라는 날아다니는 조그마한 비행 기계도 날릴 수 있다. 인터넷으로 무엇이든 할 수 있으며 페이스북 같은 SNS로 다른 사람과 수시로 연락할 수도 있고 사진을 마구 전송할 수도 있으며 실시간으로 영상통화도 할 수 있다.

마음만 먹으면 말이다.

더 늦기 전에 '마음 먹고' 남자만의 취미, 남자만의 시간을 가져 보자.

전역자의 뼈저린 조언 4

✚ 실행만이 살길이다.

하지만, 제대로 된 준비 없이는 기회도 없다.

기회를 만드는 일은 중요하다. 하지만 그 전에 기회를 낚아챌 준비는 되어 있어야 한다. 막연한 꿈만으로는 기회를 찾기 힘들다. 꿈과 목표를 놓치지 않는다면, 꾸준히 준비하고 노력하고 공부할 때 기회를 보는 눈이 생긴다.

꿈은 많지만, 실행이 없는 꿈은 그림의 떡일 뿐이다. 그런데 실행도 잘못된 방향으로 하면 리스크만 생긴다. 꿈과 준비, 실행은 삼위일체이다. 어느 하나만 떼어내서 할 수 없다.

기회는 감나무에 주렁주렁 매달린 열매가 아니다. 아래서 입 벌리고 누워 있기에는 너무 멀리 있다. 감을 먹고 싶다면 장대를 휘두르거나 나무에 기어 올라가야 한다. 기회가 찾아올 때까지 마냥 기다릴 수 없다.

그리고 기회가 찾아오지 않는다고 낙심할 필요도 없다. 기회는 어차피 만드는 것이다. 흔히 인생에 기회는 세 번 온다고 하지만 수십 차례 만들 수 있는 것이 기회이기도 하다. 그래서 실행만이 살길이다. 물론 실행하다가 실패할 수도 있다. 그런데 안 하고 후회하는 것보다 하다가 실패하는 것이 백 번 낫다.

아무리 큰일도 작고 보잘것없는 일에서부터 시작한다. 태산은 한 줌의 흙으로 시작한다. 티끌 모아 태산이다. 결국 작은 일부터 시작해 보는 것이 중요하다. 지금 실행하라.

세상에 수없이 많은 직업이 있다는 것을 알았더라면

전역이 임박하여 준비를 하는 대다수 사람들이 선택하는 길이 있다. 배운 게 도둑질이라고 전역 후 군과 상관없는 일을 한다는 것은 생각하기 어렵다. 군 관련 업종 이외에 다른 길을 알려주고 조언해 주는 사람이 거의 전무하다는 이야기다. 나 역시 첫 마음을 먹었던 것이 예비군 지휘관이었고, 업체에 전시 비상 업무를 수행하는 비상기획관 준비에 초점을 맞췄다.

그런데 인공지능과 로봇, 빅데이터 등 빠르게 변해 가는 오늘날의 기술 진보 속에서, 아직까지도 우리 군의 수많은 엘리트 간부들이 제한된 군 관련 직업에만 의존하여 전역을 준비하는 현실이 안타깝기만 하다. 수없이 많은 직업들에 대해 조언해 주고 자기에게 맞는 좀 더 폭넓은 직업 탐색과 함께 진로 결정이 이루어질 수 있는 기회들을 알았더라면 하는 아쉬움이 크다.

참고로 1969년 최초의 한국직업사전이 발간됐을 때 우리나라의 3,260개 직업만 등록되었으나, 2016년 직업 통계에서는 1만 1,927개가 등록되었다. 직업은 점점 늘어난다.

부록

전역 후 성공·실패 사례

창업 전에 알아야 할 것들

추천 독서 리스트
- 내가 지혜와 아이디어, 위로와 힘을 얻은 100권
- 군 전역자를 위한 황연태의 독서 테라피 100권

전역 후 성공·실패 사례⁹⁾

성공 사례

2016년 12월 1일 자 조선일보 뉴스에 다음과 같은 뉴스가 발표되었다.

인정받는 군인도 사회에선 평범한 취준생이며 전역 군인 10명 중 4명은 재취업에 실패한다는 것이다. 취업이나 전직에 성공하려면 35년 복무 군인이, 자격증을 6개나 준비해야 했다.

뉴스에서 소개된 이종철 씨의 이야기는 특별해 보인다.

이종철 씨는 2009년부터 6년 간 육군 장교로 복무했다. 2015년 대위로 전역할 때까지 장성급 지휘관 표창장 10개를 받았다. 이 씨는 "인정받는 군인이라고 생각했고, 기업들이 경쟁적으로 뽑아 갈 것으로 기대했다"고 한다.

하지만 기대가 너무 컸을까 현실은 달랐다. 사학 전공, 토익 400

---

9) news.chosun.com/misaeng/site/data/html_dir/2016/12/01/2016120100833.html

점이 발목을 잡았다. 전역을 앞두고 50개 기업에 지원했지만, 모두 서류전형에서 탈락했을 때 군 장교도 '보잘것없는 취업 준비생'에 불과하다는 현실을 깨달았다고 한다.

그래서 이종철 씨는 '나는 (군) 간부다'라는 자만심을 버렸다. 경쟁상대들은 온갖 스펙과 직무역량, 경험으로 무장한 사람들이라고 되새겼다.

또 같은 이종철 씨는 취업과 전직을 준비하는 동안 자신만의 무기가 필요하다고 느껴서 한 화장품 회사 자기소개서에 넣을 내용을 만들기 위해 명동에 나갔다고 한다. 열흘 동안 하루 8시간씩 중국 여성들이 선호하는 화장품을 설문 조사했으며 중국어를 몰라 손짓 발짓으로 설명해야 했다.

이종철 씨는 이런 경험을 자기소개서에 녹였다. 1년 뒤 다시 30개의 기업에 지원했고, 11곳에서 서류전형에 통과했다. 2016년 상반기에 LG유플러스에 입사했다.

발로 뛴다는 것이 무엇인지 제대로 보여주는 사례이다.

실패 사례

동일한 뉴스에서 소개된 정찬영 씨의 이야기도 가슴 새겨들을 만하다. 정찬영 씨는 2013년 2월 육군 준위로 전역하며, 35년 군 경력을 마감했다. 막막했으나 '성실하면 어디서든 인정받을 수 있다'고 마음을 다잡았다고 한다.

정찬영 씨는 착실히 준비했다. 퇴직 1년을 앞두고 자격증 6개를 땄다. 조경기능사, 빌딩경영관리사, 1급 소방안전관리자, 위험물관리자, 가스 사용·충전 시설 안전관리자, 보일러기능사 자격증이다.

자격증 취득 후 워크넷, 육군취업지원센터, 취업 사이트 등을 이용해 기업 20곳에 지원했다. 그러나 '자격 미달', '경력 없음', '연령 초과'를 이유로 퇴짜 맞았다. 현실과 이상은 이렇게 다르다. 어디 그뿐인가 심지어 연금을 문제 삼는 기업도 있었다. "연금 받는 사람은 믿는 데가 있어서 성실히 일하지 않을 것 같다고 생각하는 면접관이 있었어요." 30년 복무한 준위 연금은 280만 원 수준으로 알려졌다.

이 내용을 정리하면서 2016년 12월 1일 자 조선일보 기사에 의하면 전역 군인 10명 중 4명은 재취업을 못 한다는 사실에 주목하게 됐다.

전역 후 새 직장을 찾은 사람은 운이 무척 좋은 것이다. 상당수 전역 군인들이 취업 문턱에서 좌절하고 있다. '2016년 제대 군인 취업 지원 민·관·군 세미나' 자료를 보면 연간 제대 군인 수는 육군 기준 1만 9,000명으로 나타났다. 이들의 최근 5년간 평균 취업률은 59.2%. 육군 관계자는 "40세쯤 전역하는 이들은 연금 수혜를 받을 수 없어 취업 문제가 절실하지만, 마땅한 일자리를 못 찾는 경우가 많다"고 했다.

2015년 기준 직업 군인은 28만 명에 달한다. 부사관 19만 명, 위관급 7만 명, 영관급 2만 명이다. 이들 상당수가 전역 후 재취업에 어려움을 겪고 있다.

의무복무를 마친 후 젊은 나이에 전역하는 직업 군인일수록 취업 실패 충격이 크다. 2014년 30세에 하사로 전역한 강 모씨는 "군인이 아니어도 얼마든지 다른 일을 찾을 수 있다고 생각했는데, 취업이 안 돼 (전역한 것을) 후회하고 있다"고 전했다.

창업 전에 알아야 할 것들

창업?

창업이란 경제시장에 대한 이해를 바탕으로 개인의 경험, 지식 등을 활용하여 개인의 유, 무형의 자산 등을 투입하고 극대화하여 이윤 등을 추구하는 것이다.

창업을 위해서는 어떤 요소가 준비되어야 하는가?

기업을 창설하기 위해서는 여러 가지 요소가 필요하나 그중에서 가장 대표적인 것들을 들면 기업 목적, 창설자, 사업 아이디어, 물적·인적 자원 등이다.

1) 기업 목적

기업 목적은 기업의 활동과 방향을 설정해 주며 다른 기업창설 요소를 통합하는 역할을 한다. 다른 요소들은 기업 목적의 하부 시스템으로 서로 유기적인 상호작용을 하되 궁극적으로는 기업 목적 달성을 지향한다.

현대의 기업은 다원화된 사회 속에서 다양한 이해집단과의 상호 관계 속에서 존립·유지되므로 이러한 관계를 적절히 고려한 기업 목적의 정의는 매우 중요하다.

2) 기업 창설자

기업 창설자는 인적·물적 요소를 동원함으로써 실제 기업을 설립하는 사람이다. 기업 창설자는 기업을 이끌어 가는 능동적인 기업의 주체이나, 반드시 사업 아이디어의 발상자라야 하는 것은 아니다. 다만 창설자의 재능, 지식, 경험 등은 창설되는 기업의 효율성, 기업환경에의 적응력, 성장 등에 영향을 미치는 가장 중요한 요소이다.

3) 사업 아이디어

사업 아이디어는 기업 창설자가 설립하려는 기업이 무엇을 생산·판매할 것인가와 관련된다. 기업의 생산물은 물리적으로 구체적인 형태를 가진 재화일 수도 있고 무형의 서비스일 수도 있다. 또 창설하는 기업의 생산물은 신규의 발명품일 수도 있고 시장에 이미 나와 있는 기존의 상품일 수도 있으며 국내시장에 처음으로 소개되는 외국 상품일 수도 있다.

오늘날 기업은 격심한 경쟁 환경 아래 많은 기업들이 시장장악을 위해 노력하고 있으므로 단순히 기존의 것을 모방하거나 변경하는 정도로는 기업성공을 이루기가 쉽지 않다. 새롭고 차별화된 사업 아이디어에 기초하여야만 기업 성공의 가능성이 커진다.

4) 인적 자원

인적 자원은 기업과 사업 아이디어를 구체적으로 실현하는 수단이 된다. 창설된 기업이 제대로 운영되기 위해서는 경영관리 및 작업 기능을 담당할 우수한 인력을 확보해야 한다.

흔히 보는 '기업이 사람이다'라는 표현에서 알 수 있듯 과업 수행에 적합한 인재를 적소에 배치하여 나름의 역할을 맡게 하는 것은 경영성과 실현에 있어 매우 중요한 과제다.

5) 물적 자원

창업을 위한 필수 요소로서의 물적 자원은 기계, 설비, 건물, 원료 등을 말한다. 이들을 조달하기 위해서는 자본이 필요하다. 화폐경제 체제에서는 자본의 조달이 다른 조달에 앞서서 이루어지게 마련이다. 이러한 화폐 자원의 조달은 재무 활동에 의해 이루어지게 된다.

일반적으로 자본주의 체제에서의 민간기업, 즉 사기업의 경우 이러한 자본의 조달은 개인이나 투자집단을 통해 이뤄지나, 공기업의 경우에는 정부나 공공단체에 의해 이뤄지고, 사회주의 기업의 경우에는 생산기금의 형식으로 국가로부터 제공되기도 한다.

1. 창업 십계명

1) 연습하는 창업은 없다.

2) 수박 겉핥기식의 단순한 창업은 금물이다.

3) 창업의 시기를 조절한다.

4) 그림의 전체를 파악하라.

5) 최고보다는 꾸준함을 추구하라.

6) 지피지기(知彼知己)하며 아는 길로 가라.

7) 자신의 나이와 잘 맞는 창업을 선택하라.

8) 보약은 그 맛이 쓰다.

9) 보석은 얻기보다는 만들어야 한다.

10) 무리한 확장은 실패를 부른다.

* 출처 : 서울 제대군인지원센터 창업지원팀

2. 창업에 꼭 돈이 들어가야 한다는 생각은 버리자

요즘에는 1인 기업도 회사로 인정받는다. 본인이 사장이자 직원이다. 예를 들어 강사, 작가들이 그러하다. 창업에는 늘 자본금이 들어가지만, 최근에는 유튜브로 돈 버는 사람, 블로그로 돈 버는 사람, 강의로 돈 버는 사람 등 전과 다르게 전혀 새로운 직업군이 많이 생겼다. 개인의 생산성을 상품으로 시장에 내놓을 수 있는 방법을 고민하고 그것을 상품화한다면 분명 틈새시장이 존재한다. 아래는 현재 동영상 사이트 Youtube에 영상을 올려 돈을 버는 직업을 소개한 기사다. 직장에 취업, 월급을 받는다는 개념을 벗어나 스스로 수익을 창출한다는 것은 얼마든지 가능함을 보여주는 사례이다. 유튜브에 강의나 영상을 올려 광고를 유치하여 광고수익금을 받는 형태의 수익구조이다. 스마트폰으로 촬영하여 간단하게 영상을 올릴 수 있다. 그것도 무료로!

필자도 나중에 시도해볼 생각이다.

실제로 2017년 4월 11일 뉴스투데이 기사에서는 2016년 한 해 동안 5억 원 이상 벌어들인 유튜버는 5명이라고 발표했다.

기사에 따르면 유튜브 광고는 다른 플랫폼에 비해 단가가 낮지만 조회 수가 100만 건을 넘어간다면 많은 수익으로 연결되는데, 가수 싸이는 뮤직비디오 '강남스타일' 하나로 얻은 유튜브 광고 수익만 85억 원이라고 밝혔다.

그러나 인기 스타만의 공간은 결코 아니다. 별다른 경력이나 학력이 없는 평범한 사람들도 성공신화를 쓸 수 있는 '창직(job creation)'의 공간이 될 수도 있다는 점이 주목할 만하다.

다시 기사에 따르면 온라인 '뉴미디어'의 특징을 십분 활용해 일찌감치 자신만의 콘텐츠로 크리에이터 활동을 시작해 대기업 연봉을 훌쩍 뛰어넘는 사람들이 점점 늘어나는 추세이다. 수익이 '억대 연봉' 수준일 뿐만 아니라 사회적 영향력도 있다.

청년층은 물론 제2의 인생을 꿈꾸는 중장년들에게도 기회는 열려 있다는 점이 매력이다.

사례로 '캐리언니'가 있다. 아이들 사이에서 만화영화 '뽀로로'보다 유명한 영상이 있는데 바로 유튜브의 '캐리앤토이즈'다. 개인 방송이 아닌 키즈 콘텐츠업체 '캐리소프트'에서 운영하지만, 꾸준한 유튜브 업로드로 아이들 사이에 확실한 인지도를 만들었다고 한다.

'캐리'가 등장해 어린이 장난감을 소개하는데 아이들로부터 인기가 뜨겁다. 유튜브를 통해 아이들 사이에서는 장난감뿐 아니라 '캐리'의 인지도까지 상승했다. '캐리앤토이즈'로 2016년 한 해 벌어들인 수익은 약 7억 9,000만 원 정도라고 알려져 있다.

영유아들은 영상을 반복해서 본다는 특징이 있다. '토이몬스터'는 유튜브 광고 수입만 따지면 국내 최고 수준이다. 한 편 올릴 때마다 조회 수가 400만~500만에 달한다. 이 조회 수의 마법이 캐리컴퍼니의 강점이다. 유튜브에서 시장을 제대로 고르는 것이 얼마나 중요한 일인지를 실감하게 해준다.

돈 버는 방식이 많이 바뀌었다. 이전에는 영화나 동영상은 전문 제작자가 만드는 것이라고 생각했지만, 지금은 '누구나' 동영상을 올려 돈을 벌 수 있는 시대가 된 것이다.

부록

이런 점을 잘만 활용한다면 군 전역자들이 가지고 있는 노하우와 경험, 지식을 잘 살려 유튜버로 데뷔할 수 있을 것이다. 캐리언 니처럼 한 번에 성공할 수는 없을지라도 진솔한 콘텐츠만 살아 있다면 충분히 가능성이 있는 분야라 할 수 있다.

3. 소호사무실 혹은 공동사무실도 있다

사업을 시작하거나 창업을 하기 위해서 빼놓을 수 없는 것이 '사무실'이다. 집에서 사무를 할 수도 있겠지만, 거주공간과 일터가 겹칠 때 발생되는 온갖 스트레스는 이루 말할 수 없다. 사적인 공간은 사적으로 두어야 한다는 것이 필자의 생각이다.

사업에서 인건비 다음으로 많은 비용을 차지하는 것이 '사무실 비용'이다. 임대를 해야 하는데 실내 디자인, 가구 비용을 고려하면 만만치 않은 초기비용이 지출된다. 하지만, 최근에는 단기 임대 사무실 혹은 공용 사무실 서비스가 무척 많다. 생소하게 느껴지겠지만, 단기 임대 사무실 혹은 공용 사무실(소호사무실, 비즈니스 오피스 등으로도 불린다)은 사무 공간과 책상, 의자, 인터넷, 복사기, 팩스, 커피와 차, 음료, 그리고 쉴 수 있는 휴게공간까지 제공된다. 사무실 이용자는 계약 후 월 일정 금액만 지불하면 초기 비용 없이 이러한 서비스와 함께 공간을 이용할 수 있다. 이러한 오피스를 '서비스드 오피스(Serviced Office)'라고 부르는데, 이용해볼 만하다.

1년 단위 계약인지 6개월 단위 계약인지에 따라 비용이 다르다.

이러한 공간을 계약할 때는 가급적 전화 후 방문하여 현장을 둘러본 후 계약하는 것이 좋다. 대표적으로 '위워크(WeWork)' 등이 있다.

사무실 비용도 매몰 비용이다. 큰 사무실을 갖는다고 사업이 저절로 커지는 것은 아니다. 인터넷에서 소호사무실 혹은 비즈니스 사무실 등을 검색해 보면 월 비용만 내고 들어가는 무보증 1인 사무실도 얼마든지 있다. 사업한다고 무턱대고 큰 사무실부터 내는 사람들이 있다. 사무실은 고정 지출이다. 큰 사무실이 수입을 보장하는 것이 절대로 아니다. 무엇이든 처음에는 작게 시작하라.

매일경제 2016년 1월 22일 기사에 의하면 국내 오피스 시장에 춘추전국시대가 열렸다고 한다. 개인사무실을 찾던 내게 좋은 정보가 되어 소개해본다.

20·30대 젊은 층 창업이 활발해지면서 이들을 잡기 위한 지식산업센터와 월세형 사무실인 서비스드 오피스 공급이 잇따르는 추세이며, 여기에 전반적인 기업 경기 침체로 중견·대기업이 사무실을 '다운사이징'하는 경우가 많아지자 종로·강남 일대 대형 오피스는 '반값' 임대료를 앞세우며 콧대 낮추기에 여념이 없어졌다. 사업자의 선택이 늘어난 것이다. 다양해진 창업 형태와 경기 부침에 따라 임대시장 자체가 세분화된 것이 특징이라 한다.

다시 이 기사에 따르면 종로나 광화문, 테헤란로 대형 오피스에 입주하기에는 여력이 부족한 중소·중견기업이 타깃이며 여기에 맞

취 지식산업센터는 3.3㎡당 3만 원 선으로 도심보다 저렴한 임대료에 직원들을 위한 각종 편의시설과 특화설계, 세금 감면 등 다양한 정책지원을 내세워 입주자를 모으고 있다고 한다.

그 덕분에 적잖은 소기업들이 지식산업센터로 이전하거나 이를 고려 중인 상황이다. 임플란트로 유명한 '오스템 임플란트'는 원래 있던 가산동 일반 오피스 건물에서 지난해 12월 새로 공급된 이 지역 지식산업센터로 사무실을 옮길 예정인데, 기존 사업자들에게도 이러한 저렴한 업무 공간은 매력적으로 다가오는 듯하다.

작게 사업을 시작하는 1인 기업가들을 위한 서비스도 보인다. 이 기사에는 작은 사무실을 월 단위로 빌려 쓰는 서비스드 오피스도 전국에 1,000여 곳이 성업할 정도로 확대되고 있으며 특히 최근에는 세계 최대 서비스드 오피스 기업인 '위워크'가 서울 명동을 포함해 강남 등 10여 곳에서 사업을 시작할 채비를 하고 있어 더욱 관심이 쏠린다고 전한다.

기업 규모에 맞춰 1인실부터 10인실까지 제공하는데, 강남에서 13.2㎡ 규모 1인실을 빌리는 데는 월 50만 원이 들며 인터넷과 회의실을 무료로 쓸 수 있고 팩스와 복사기는 공동 사용이 가능해 초기 자본금이 부족한 스타트업 기업에 인기라고 한다. 특히 '리저스코리아' 같은 외국계 회사는 통역 서비스와 공동 비서까지 제공하는 점은 참고할 만하다.

최근에는 공유경제 트렌드에 맞춘 '셰어 오피스(share office)'도 나와 임대가격을 더 떨어뜨리고 있다. 지하철 9호선 신논현역 인근에 문을 연 '코쿤피스'는 월 10만 원만 내면 사무실 공간부터 사업자 등록지 주소, 개인 사물함을 제공하는 멤버십 오피스 서비스를 선보였다. 이것 또한 사무실의 새로운 트렌드인듯하다.

게다가 중견·대기업 위주의 도심지 대형 오피스 시장은 거품 빼기에 한창이다. 강남역 일대와 종각·광화문을 중심으로 1년에 6개월간 '렌트프리(일정 기간 임대료를 받지 않는 것)'를 제공하는 게 일반화되다 보니 실제 입주기업이 내는 임대료가 월 관리비 수준까지 떨어졌다고 한다. 사업을 준비한다면 참고해 보자.

4. 세금 문제, 상표, 상호 문제는 처음부터 신경 쓰자

아무것도 모르고 나중에 세금에서 문제가 생기는 경우가 정말 많다. 개인이 사업을 시작할 때는 잘 모르기 때문에 사업이 어느 정도 성장기에 들어갈 무렵 난데없이 세무조사라도 받으면 회사가 휘청거리게 된다. 세금 문제는 가까운 세무사사무실에 맡기자. 문제가 생겼을 때 "몰라서 그랬다"는 변명은 세무와 법무에서는 안 통한다.

그리고 상표/상호 문제도 처음부터 신경 쓰자. 현재 프랜차이즈

업계는 유사상호 문제로 골머리를 앓고 있으며, 내가 어느 정도 키워놓은 회사를 누군가 상표 특허등록을 해 놓아 울며 겨자 먹기로 자신이 키운 상호, 상표를 포기해야 하는 경우가 있다. 가까운 특허사무실에 연락하여 변리사에게 맡기면 특허청에 상표등록, 서비스표 등록을 대행해준다. 물론 비용이 조금 들어가겠지만, 나중에 발생될 큰 문제를 막아준다.

아래는 상표등록의 중요성이 얼마나 중요한지를 알려주는 기사를 간추린 것이므로 꼭 읽어보도록 하자.

제주의 소리 2017년 4월 18일 기사에 의하면 10년 넘게 제주시 도심에서 분식점을 운영 중인 정 모(58, 여) 씨에게 최근 우편으로 내용증명서를 받고 놀랐다는 이야기가 소개되어 있다. 이 분식점 이름이 '모닥치기'였는데 특허청에 상표등록이 된 '모닥치기'라는 메뉴를 상표권자의 동의를 받지 않은 채 무단으로 사용했기에 내용증명을 보낸 것이었다.

여기에 멈추지 않고 "상표권침해죄에 해당해 7년 이하의 징역 또는 1억 원 이하의 벌금에 처해질 수 있다"며 "사용료와 배상금 명목으로 1,000만 원을 지정 계좌로 입금하라"는 내용이 함께 적혀 있어 충격을 받았다는 내용이 소개되어 있다.

이 내용증명서에는 "특허청에 등록을 마친 상표로, A씨만 독점적으로 사용할 수 있는 권리"라며 "가능한 모든 법적 조치를 취할 의사가 있다"는 문구도 담겨 있었기에 정씨는 "제주지역에서는 이같은 메뉴를 많은 곳에서 판매하고 있다"며 "황당하고 억울할 따름"이라고 말했다.

그러면서 "손님들이 떡볶이에 다른 음식을 섞어달라고 할 때 마다 조금씩 내놓던 메뉴에 '모다치기'라는 이름을 붙여 판매를 시작한 게 언제일지도 모를 정도로 오래됐다"며 "무슨 큰돈을 번 것도 아닌데 어떻게 이럴 수가 있냐"고 분통을 터뜨렸다.

더군다나 정씨는 '모닥치기'와 구분되는 '모다치기'라는 명칭을 사용해 왔다.

'모닥치기'라는 이름의 상표가 특허청에 등록된 것은 2011년 6월. 상표권자는 제주시에 거주하는 A(48) 씨다.

우리나라는 상표권의 경우 먼저 출원한 사람에게 우선권을 주는 '선(先) 출원주의'를 택하고 있다. 창업 초기 웬만한 업체나 동네 영세 식당들은 상표권을 챙길 여력이 많지 않아, 상표권자 측에서 이런 빈틈을 노리기도 한다.

이 같은 '후(後)사용자의 선(先)출원' 문제는 간단하지 않다. 무효소송을 한다고 해도 법리 다툼에 따라 승리를 장담할 수도 없다.

'원조'가 '피고'가 되거나 벌금을 내야 하는 상황에 놓이는 경우도 있다고 소개한다.

'모닥치기'가 제주지역 분식점에서 흔하게 판매되는 만큼 정 씨와 같은 사례가 속출할 전망이라는 점에 주목하자.

이처럼 사업이 어느 정도 순항할 무렵 '상호'나 '상표' 문제에 의해서 사업에 지장을 받을 수도 있기 때문에 특허청 상표검색사이트에서 자신이 사용하게 될 상호명을 미리 검색해 보고 변리사를 통해서 혹은 자신이 직접 특허청 사이트를 통해서 상표등록을 해 놓는 것도 미리 앞으로의 문제를 예방하는 방법이 될 수 있다.

5. 모르는 분야에는 도전하지 말자

모르는 분야에 대해서는 소홀히 하는 경향이 있다. 소홀하게 시작하면 100퍼센트 망한다. 그런데도 공부 삼아 모르는 분야에 투자하는 경우가 많다. 덮어놓고 잘 모르는 분야에 투자하면 반드시 쪽박이라는 낭패를 보게 된다. 사업을 시작하려면 적어도 해당 분야에 대한 책을 100권 정도 읽고 시작한다는 생각을 갖자. 잘 모르는 분야에서 창업할 생각이라면 아르바이트라도 해봐야 한다.

IT계에 20여 년간 몸담았던 50대 남성이 1억을 투자한 참치 집을 통해 월매출 3천만 원을 벌어들이는 성공한 사례가 있다. 2012년 7월 27일 매일경제를 장식한 길영규 오치 자연산 생참치 사장의 이야기다.

이 기사에서 길영규 사장은 "새로운 시작은 공부해야만 살아남는다"고 다음과 같이 강변했다.

"서당개 3년이면 풍월을 읊는다고 하잖아요. 평생 요리 한번 안해 본 제가 어떻게 외식업 창업을 생각했냐고요. IT계에 20년 몸담으며 정년을 감지했거든요. 20년간 컴퓨터 관련 회사에 다니다 퇴직하고 대리점을 차렸는데 나이 많은 사장인 제가 30대 대리급을 만나 사업을 논한다는 게 여간 쉽지 않더군요."

길 사장은 그 길로 중소기업청 소상공인진흥원의 실전창업교육을 듣기 위해 5만 원을 내고 80시간을 수강했다. 외식업에는 문외한이었지만 창업 강사들이 소개하는 다양한 아이템과 상권을 분석하며 자신감을 얻었다고 고백했다. 그는 한식조리사 과정을 5주간 수강하고 요리연습에 몰두했다. 길 사장은 "이론과 실전을 접목한 체험교육은 사업의 밑거름이 되었다"고 말했다.

그는 교육 수료 후 정부로부터 창업지원 자금 우선권을 얻어 3천만 원을 지원받았다. 그리고 좋은 상권을 찾는 데 주력했다. 다양한 고객층이 다니는 곳보다 샐러리맨만을 상대하는 상권을 선택했다. 오피스 상권은 평일 매출은 안정적이지만 주말 매출은 거의 일어나지 않는다는 점도 감안했다.

"참치는 일반 샐러리맨보다 간부들이나 임원급, 사장들이 자주 먹는 메뉴죠. 강남의 고급 참치 집에서 내는 코스 메뉴를 표방하면서 자격은 중저가로 책정했어요. 맛의 고급화와 가격의 중저가는 고객들에게 매력적으로 다가갔지요. 먹어 본 고객들이 지인들을 데리고 오는 일이 많아요. 입소문으로 인기를 끌게 되며 자부심을 느꼈죠."

길 사장은 1년 차 외식업 창업 선배로서 예비 창업자들에게 조언을 했다.

그는 "무슨 일이든 알고 뛰어들어야 한다. 창업시장도 교육은 필수다. 교육받지 않고 절대 창업하지 말라"며 "큰 비용 들지 않는 정부 교육을 추천한다"고 하였다.

기사는 2012년 7월 27일 매일경제를 장식한 길영규 오치 자연산 생참치 사장의 이야기와 함께 다음과 같은 성공 창업 Tip을 소개하고 있다.

창업 성공을 위해서 다음과 같은 조언을 한다.

첫째, 전문가의 도움을 받아라.

초보자가 자신의 경험만 믿고 잘난 척해서 성공한 케이스는 없다. 사업을 잘하고 있는 유경험자나 강사, 전문가들의 조언을 들어라.

둘째, 창업하기 전 비슷한 업종에서 경험을 먼저 해봐라.

자본을 들여 창업하기 전, 하려고 하는 업종에서 아르바이트를 하거나 배운 뒤 시작하는 것이 실패를 줄이는 길이다.

셋째, 교육에 투자해라.

1~2주는 긴 시간이 아니다. 시간 없다는 핑계 말고 창업 교육을 꼭 받고 시작해라. 알고 덤벼야 이길 수 있다. 자본 투자뿐 아니라 시간 투자도 해야 한다.

넷째, 매출에 너무 높은 기대를 걸지 마라.

시행착오는 분명 있다. 처음부터 너무 높은 수익률을 기대하지 마라. 포부는 크게 갖되 현실성을 감안해라. 1억 원 투자해서 월매출 1천만 원을 이루겠다는 건 욕심이다. 욕심은 화를 부른다. 좋은 음식을 고객들이 즐겁게 먹는 것에 집중하면 돈은 저절로 따라온다.

다섯째, 절심함이 있어야 성공한다.

'망해도 그만'이라는 안일한 생각은 매장문을 연 지 1년이 채 되지 않아 망한 가게로 문을 닫아야 하는 상황을 만든다.

6. 치킨 집, 커피 전문점, 음식점, 다단계는 피하자

자영업의 대명사는 치킨 집, 커피 전문점이다. 매년 100만 개가 '창업'하고 그중 80만 개가 '폐업'되는 게 이 분야다. 생존율이 고작 16%도 되지 않는다. 우리나라는 치킨 집이 해마다 늘어 전 세계 맥도널드 매장 수보다 많은 상태다. 커피 전문점도 마찬가지다. 포화 상태를 이미 넘어갔다.

다단계는 어떠한가? 공정거래위원회에서 합법으로 하는 다단계 회사만 따져봤더니, 2016~2017년 판매원이 무려 8백만 명이며, 2016년만 해도 다단계 회사가 70% 늘었고, 매출도 2조 원 넘게 늘었다. 그만큼 시장이 커지고 있는 건데, 판매원으로 여기에 등록한 사람도 4백만 명에서 8백만 명으로 두 배가 늘었다고 한다.

그런데 전체 8백만 명 중에 일단 80%는 돈을 아예 벌지 못하며 1%인 6천 명이 전체수당의 절반을 가져갔다. 나머지 99%는 돈을 벌어봐야 1년 평균 겨우 50만 원, 한 달에 4만 원을 번다는 공정거래위원회의 정식통계도 있다.

2017년 1월 2일 연합뉴스에서는 '자영업자 3명 중 1명만 생존'한다는 뉴스 기사가 나왔다.

이 뉴스에 의하면 자영업자 생존율이 반타작에도 미치지 못하는 것으로 나타났고 원인은 경기가 좋지 않은 상태에서 특별한 기술 없는 이들이 진입 장벽이 낮은 업종 위주로 진출하다 보니 시장이 과포화됐기 때문으로 분석했다.

특히 작년 국세청이 발간한 '2016 국세통계연보'를 보면 2015년 창업한 개인사업자는 106만 8천 명으로 집계됐는데 산술적으로 보면 2015년 하루 평균 3천 명이 새롭게 자영업체를 차린 셈으로 조사되었다고 한다.

반면 2015년 기준으로 폐업한 개인사업자는 73만 9천 명이었다. 매일 2천 명씩 사업을 접은 것이며 결국, 자영업에 뛰어든 사람 중 3분의 1만 살아남은 꼴이라 한다.

특히 신규 개인사업자를 업종별로 보면 14개 대분류 중 서비스업, 부동산·임대업, 소매업, 음식업 등 4가지 업종에 73.5%가 몰려 있었다고 한다.

세탁소, 이·미용실, 고용알선, 여행사, 교육기관 운영 등을 아우르는 서비스업 자영업자 20만 9천 명(19.6%)이 신규 등록해 가장 많았으며 자신이 소유한 건물·토지 등을 빌려주거나 정수기 등 개인용·

산업용 용품을 대여하는 부동산·임대업이 20만 5천 명(19.2%)으로 그다음이었다. 소매업은 17.6%(18만 8천 명), 음식업은 17.1%(18만 2천 명)였다고 한다.

그러나 폐업 자영업자 역시 이들 업종 위주였다. 음식점업 폐업 자영업자가 15만 3천 명으로, 전체의 20.6%로 가장 많으며 이어 소매업 19.9%(14만 7천 명), 서비스업 19.7%(14만 6천 명) 순이고 부동산·임대업은 12.3%(9만 1천 명)로 4번째였다고 전해진다.

자영업자가 늘어나는 것은 은퇴 후 노후 준비가 되지 않은 베이비붐 세대(1955년~1963년생)와 일자리를 구하기 어려운 청년들이 창업 전선에 뛰어들고 있기 때문으로 분석된다고 하니 자영업자의 생존 확률이 얼마나 어려운지 알 수 있다.

특히 소매업, 음식업이 높은 비중을 차지하는 점에 비춰볼 때 특별한 기술이 없고 진입 장벽이 낮은 업종 위주로 이들이 몰리는 것으로 보인다고 한다.

그러나 경기가 좋지 않은 데다 시장이 과포화된 상태여서 살아남는 자영업자는 절반에도 미치지 못하는 모양새라고 하니 자영업을 준비한다면 보다 치밀하고 철저한 준비가 뒤따라야 하겠다.

7. 현재 경제 상황을 잘 이해하라

향후 우리나라 경제구조나 경제 상황을 수시로 살펴봐야 한다. 이를 위해 경제신문을 필독하자. 경제관념을 익히는 데 매우 유익하다. 부동산은 앞으로 어떻게 될지, 주가는 왜 이렇게 들쭉날쭉한지, 환율은 왜 이렇게 오르내리는지 이해해야 한다. 경제지식이 충분하지 않은 상태에서 창업과 투자를 한다는 것은 운에 모든 걸 맡기는 식의 위험한 투자 행태이다. 경제도 배워야 한다. 특히 우리나라의 경제 상황을 이해해야 한다. 최근에는 팟 캐스트나 유튜브 등에서 다양한 경제지식을 배울 수 있는 채널이 속속 등장하고 있다. 조금만 관심을 가지면 경제를 쉽게 배울 수 있다.

8. 큰돈이 들어가는 투자, 사업은 반드시 가족들과 상의하라

가족의 동의도 얻지 않고 무리하게 돈을 끌어다 사업하는 것은 가산탕진의 지름길이다. 큰돈이 들어가는 투자나 창업을 하는 경우 반드시 가족들과 상의하자. 가족과의 잠깐의 대화가 평생의 낭패를 막는다.

9. 동업은 하지 마라

군대의 인연으로 동업을 하게 된다면 신중히 고려해야 한다. 동

업은 사업이 잘되어도 문제, 안되면 더 큰 문제다. 동업은 신중해
야 한다. '친한 친구일수록 동업하지 말라'는 옛말이 괜히 나온 것
이 아니다. 설령 부득이하게 동업을 해야 한다면, 사업 초기부터
상호 간 협의해 수익 분배에 대한 부분을 계약서상에 정확하게 명
시하는 것이 좋다.

2017년 2월 21일 조선비즈에는 동업 때 지켜야 할 5대 철칙을
아래와 같이 소개하였다.

첫째, 수익 배분의 원칙을 지켜라. 사람은 누구나 자기 몫이 더
크다고 착각하는 경향이 있다고 전문가들은 설명한다.

둘째, 계약서를 써라. 사람의 기억은 자기중심적이다. 자기가 유
리한 약속만 기억하는 경우가 많다. 그래서 문서로 남길 필요가
있다.

셋째, 친분이 아니라 전문성을 근거로 뭉쳐라. 다만, 동업하기 전
서로에 대해 탐색하고 검증하는 기간이 필요하다. 내가 부족한 부
분을 메워, 실제 사업 성공에 도움이 될 수 있는지를 따져볼 필요
가 있다.

넷째, 역할을 분담하고 존중하라. 역할을 나누고 존중해야 효율

적이란 얘기다.

다섯째, 적극적으로 소통하라. 단 치열하게. 이는 세대 간 동업의 경우 특히 중요한 포인트다. 소통할 때는 대기업처럼 회의를 열거나 공식적인 자리에서 논의하는 것이 좋다. 특히 돈 문제처럼 중요한 사안을 술자리에서 꺼내선 안 된다.

중요한 내용들은 책의 마지막에 출처로 기사주소를 상세히 소개했으니 찾아서 읽어보도록 하자.

10. 돈 빌려주지 마라, 빌릴 생각도 마라

사업자금을 빌려서 하지도 말고, 빌려달라는 사람에게는 준다는 각오로 빌려줘라. 아시다시피 창업 생존율은 16%이다. 돈 빌려주고 돈 받을 확률은 16%도 안 된다는 이야기다. 동업하는 것과 돈 빌려주는 것은 사람도 잃고 돈도 잃는 지름길이다. 사업은 반드시 자기 돈으로 하라. 누군가 빌려달라면 아예 줄 생각으로 빌려줘라.

2010년 7월 5일 머니투데이 뉴스에서 스크랩된 기사를 소개해 본다.

'이건희의 행복투자'라는 칼럼인데 돈 빌리고 빌려주는 원칙 11가지가 소개되어 있다. 아래에 정리했으니 참고해 보면 된다.

칼럼에 따르면 돈을 빌리거나 빌려주는 수많은 실제 사례들을 볼 때, 대체로 다음과 같은 원칙들을 상황에 따라 취사선택하여 적용하면 무난하다고 하니 적용해 보자.

첫째, 내가 상대방 입장이라도 어쩔 수 없이 빌릴 때로 국한하여 빌려준다. 내가 꼭 남에게 빌리게 되는 경우에만, 나도 상대방에게 빌려준다면 공평하다. 쉽게 돈을 빌리는 사람이라면 남에게도 쉽게 돈을 빌려주어야 한다고 전한다.

둘째, 100% 갚을 수 있는 근거가 확보된 상황에서만 빌린다.
빌리려는 상대방에게 갚을 수 있는 근거를 제시하면서 빌려달라고 하면 피차 마음이 편하다. 막연히 나중에 일이 잘되면 갚겠다는 방식에서는 일이 바람대로 되지 않을 위험이 따른다고 한다.

셋째, 돈보다 중요한 것이 사람 관계라는 점을 분명히 인식한다.
돈은 언젠가 다시 벌 수도 있지만 사람 관계에서 한번 신뢰가 깨지면 회복이 힘들다는 것을 기억해야 한다고 조언한다. 돈을 벌게 되는 것도 결국은 사람 관계가 바탕이 되는 경우가 많은데, 지금은 돈이 부족하여 하고 싶은 뜻을 펼치지 못하거나 고생을 하더라도, 훗날 돈을 벌게 될 때는 사람 관계에 힘입어서 다시 일어서게 될 수 있는 경우도 있으니 잘 분별해야 한다고 조언한다.

넷째, 평소에 돈 자랑을 하지 않는다.

돈에 여유가 많음을 알게 되면 뭔가를 바라는 사람들이 주변에 나타나게 된다고 한다. 거절은 하지만 상대방은 섭섭해 하기 쉬우며 빌려달라고 하지 않더라도 좋은 투자처가 있다든가, 유망한 사업을 한다며 자금을 대주기를 바라는 사람들이 나타나기도 하는데 우쭐한 심정에 돈을 빌려주거나 자금을 대주는 경우도 있으니 주의하라고 조언한다.

다섯째, 평소에 절대로 남에게 돈 빌리지 않는 것은 미래에 보험이 된다.

돈을 빌리는 일 없고 돈 문제로 남에게 불편함을 주지 않는 사람으로 주변에 인식되고, 실제로 그렇게 살아가는 것은 미래에 보험이 된다고 전한다.

여섯째, 다른 사람들은 모르게 빌려준다.

돈 빌려주는 것을 알게 되면, 저 사람은 돈을 잘 빌려주는 사람이라고 바라보면서, 다른 사람들도 나중에 빌려달라고 하기 쉬우므로 빌려준다고 해도 몰래 빌려주라고 조언한다.

일곱째, 차라리 기부하는 마음으로 빌려준다.

공식적으로는 분명히 돈을 빌려주는 것이라도, 속마음으로는 나중에 돌려받겠다고 생각하지 않고 줄 수도 있으므로 애초에 기부하는 마음으로 빌려주는 것이 편하다고 한다.

여덟째, 미리 정해 놓은 범위 내에서만 빌려준다.

한사람에게 1회 얼마까지, 합계로는 얼마까지 빌려줄 수 있을지를 정해두며, 모든 사람 관계를 다 합하여서 최대 얼마까지 기꺼이 빌려줄 수 있을지를 평소에 정해두는 게 좋다고 한다. 그렇지 않고 그때그때 인정에 이끌리거나 어쩔 수 없는 분위기에 이끌리다 보면 나중에 통제가 힘들어질 수도 있기 때문인데, 일리가 있다.

아홉째, 가까운 사이에도 구두로만 약속하지 말고 형식을 갖춘 차용증을 작성하고 빌려준다.

믿고 빌려주는 경우라도 차용증을 작성하면 빌려 가는 측에서 좀 더 책임감을 느끼게 된다. 한편 기록이 없으면 일부러 돈을 갚지 않을 수도 있고 속이지 않더라도 기억이 희미해질 수도 있으며, 나중에 서로의 기억이 달라서 피차 오해가 생길 수도 있으므로 주의해야 한다. 가까운 사이에 사소하게 빌려주는 것에서는, 차용증을 굳이 작성하지 않고 인터넷뱅킹에 돈을 주고받은 기록이 남게 하는 것만으로도 법적 효력이 있다고 하니 무조건 '기록'을 남기자.

열째, 돈에 대한 약속을 한두 번 어긴 사람은 그다음부터는 믿지 않는다.

사람이 속이지 않고 돈이 속인다는 말이 있다. 그러나 돈을 다루는 것은 사람이기 때문에, 돈이 속이는 것도 결국은 사람이 속이는 것이다. 약속을 어기는 사람은 믿지 말라는 조언이다.

열한째, 돈을 주지 말고 문제 해결 방법과 새길 찾는 것을 도와준다.

돈이 있으면 문제 해결이 용이하기에 돈을 빌리려는 경우도 많은데, 때로는 돈이 없더라도 당장 부닥친 문제를 헤쳐 나가는 다른대응 방법이 있을 수도 있다. 돈이 없어서 마음은 아프고 속상하더라도 차라리 포기할 것은 포기하고, 다른 길을 모색하는 것이더 나은 경우도 있다고 말한다.

11. 모르면 물어보라

모르면 물어보는 게 답이다. 알 때까지 물어보라. 체면 차리다가쫄딱 망한다. 모르는 것을 물어보면 괜히 무안해질 때가 있다. 하지만, 모르고 덥석 덤비지 말고 알 때까지 물어보면 더 빠른 길이열린다.

전역 군인의 처우나 전직 관련 지원 및 혜택을 받을 수 있는 곳은 비교적 많다.

물어보는 것은 돈이 들지 않는다. 모르면 무조건 물어보자!

※ 전역 군인 지원 관련 문의처

국방전직교육원 ☎ 1588-9402

보훈상담센터 ☎ 1577-0606

서울제대군인지원센터 ☎ 1588-2339

경기북부제대군인지원센터 ☎ 1577-3883

경기남부제대군인지원센터 ☎ 1577-1973

부산제대군인지원센터 ☎ 1577-7339

대전제대군인지원센터 ☎ 1577-2339

대구제대군인지원센터 ☎ 1577-6339

광주제대군인지원센터 ☎ 1577-8339

※ 관련 사이트

국방전직교육원 http://www.moti.or.kr/

국가보훈처 http://www.mpva.go.kr/

국가보훈처 제대군인지원센터 http://www.vnet.go.kr/

추천 독서 리스트

어린 시절 앳되고 천진난만하던 사람의 얼굴은 세상과 함께 변한다. 얼굴은 그 사람의 마음과 생각, 행동의 변화에 따라 달라진다. 성인이 되기 전까지는 부모에게서 물려받은 얼굴로 통할 수 있다. 하지만 스무 살이 넘으면 조금씩 그 사람이 어떤 마음을 가지고 있고, 어떤 생활을 하고 있는지가 나타난다. 그것은 책을 읽으면 말의 의미들을 알게 된다는 뜻이기도 하다. 많은 책을 읽으면 많은 말을 알게 되고 조금 더 깊은 인생을 알게 된다. 그 깊고 넓은 생활에서 얼굴의 모습은 깊이를 가늠하게 되는 얼굴로 나타난다. 여유 시간이 많을수록 책을 많이 읽는 것은 아닌 듯하다. 생활 속 바쁜 시간에 쫓길수록 목표에 도달하려는 나의 신념은 절실하다. 독서를 할 때면 당장 눈에 보이지 않는 성과들이 언제 떠날지 모르는 정차된 자동차처럼 여겨지기도 했다.

독서를 시작하면서부터 생긴 작은 난관들도 있었다. 내가 가진 독서 습관인 속독보다는 정독으로 처음부터 끝까지 읽어야만 마음의 위안이 되었던 탓에 조바심도 났던 게 사실이다. 눈치 보지 않기로 했지만 주변의 적지 않은 따가운 눈초리가 의식되기도 했다. 한 권, 두 권 독서를 해 나가며 또 하나의 이정표가 생겼다. 어떤 책을 접해야 하는지에 대한 고민은 깔끔히 잊을 수 있었다. 독서를 하다 보면 다음에 읽어야 할 책이 자연스럽게 생겼기 때문이다. '아! 세상에는 내가 생각했던 것보다 참으로 훌륭한 사람도, 좋은 책들도 많구나!'라는 생각이 들었다. 단순한 지식의 축적으로 갖는 자기만족이나 위로의 수준을 넘어섰고, 남 앞에서 조금 더 아는 척을 해서 우월감을 얻는 모습은 어느새 사라졌다. 무엇을 얻고 무엇을 깨달았느냐 하는 것 또한 미지수일 수 있다. 그러나 분명한 것은 내가 앞으로 살아가야 할 방향과 어떤 책을 좀 더 읽어야겠다는 생각만큼은 분명하게 내 마음속에 자리하고 있었다는 사실이다.

온통 머릿속에 무슨 책을, 언제, 어떻게, 얼마나 많은 시간을 내어 읽을 수 있을까라는 생각만 했던 지극히 단순한 마음은 얼마 지나지 않아 까맣게 잊어버렸다. 조용한 새벽 시간, 책장을 넘기며 함께 느끼고, 울고, 웃던 많은 시간들을 회상해 본다. 서재에 꽂힌 한 권 한 권의 책들, 어느 책 한 페이지 한 줄에 정신을 빼앗긴 채 한참을 머물렀던 수많은 시간들, 그것들이 고스란히 내 마음으로 전해져 온다.

한 권의 시작과 함께 마지막 페이지를 덮는 순간, 가슴 한구석이 벅차오르는 기쁨은 말할 수 없는 즐거움이다. 조금의 자신감을 가지고, 스스로에게 처음 마음을 잊지 않도록 하며, 진정으로 내가 원하고 바라는 삶의 이정표를 가지고 살아가려 한다. 나에게 위기의 상황에서 삶의 터닝 포인트가 되어준 습관 하나, 그 어떤 어려움도 견딜 수 있는 힘을 갖게 해준 것은 바로 독서였다. 나의 곁에서 동행이 되어 주고 지친 걸음마다 용기 주는 이 친구를 미워할 수 없는 이유이다. 책의 첫 페이지를 넘기는 순간은 늘 나에겐 첫 마음의 설렘이고 또 다른 희망을 갖고 꿈을 꾸게 한다. 그 설레는 마음으로 인해 나에게 주어지는 모든 새로운 시작을 할 수 있는 용기와 삶의 에너지가 생긴다.

보잘것없어 보이는 작은 씨앗이 누군가에게 또 다른 새싹으로 피어나 작은 소망의 열매를 안겨줄 거라 믿는다. 부족하지만 지금껏 삶의 어려움들을 견뎌낼 수 있는 힘의 원천을 제공해준 내가 읽은 독서목록 100여 권과 함께, 상처 많은 군 전역자를 위해 내 나름대로 분류한 북 테라피 100여 권을 따로 정리하였다. 일부 중복되는 책도 있지만, 전자는 주관적으로 정리한 책 리스트이고, 후자는 기능에 중심을 두고 분류한 서적 리스트이다.

가능하면 책을 사서 보길 권장한다. 밑줄도 긋고 느낀 점을 쓰고, 떠오르는 생각을 책의 여백에 적어보기도 하고, 낙서도 해 보자. 욕도 좋고, 아이디어도 좋다. 그것이 나의 자산이고 나의 솔직함이다. 책 앞에서 솔직해지자. 이해가 안 되는 모든 책을 억지로 다 읽을 필요 없다. 다만 마음이 끌리는 책부터, 혹은 본인에게 맞는 쉬운 책부터 하나씩 시간을 두고 읽어보자. 장담컨대 나도 모르는 나의 가능성과 나의 길을 '책'에서 발견하게 될 것이다.

내가 지혜와 아이디어,
위로와 힘을 얻은 100권

1. 다치바나 다카시, 이언숙 역, 『나는 이런 책을 읽어왔다』, 청어람미디어, 2001

2. 유득공, 송기호 역, 『발해고』, 홍익출판사, 2000

3. 플라톤, 박종현 역, 『국가·정체』, 서광사, 2005

4. 공자, 김원중 역, 『논어』, 글항아리, 2012

5. 마키아벨리, 강정인·김경희 역, 『군주론』, 까치, 2015

6. 오긍, 김원중 역, 『정관정요』, 글항아리, 2017

7. 사마천, 김원중 역, 『사기본기』, 민음사, 2015

8. 이이, 이민수 역, 『격몽요결』, 을유문화사, 2003

9. 허균, 김현양 역, 『홍길동전 전우치전』, 문학동네, 2010

10. 강명관, 『책벌레들 조선을 만들다』, 푸른역사, 2007

11. 한비, 김원중 역, 『한비자』, 글항아리, 2010

12. 유성룡, 김홍식 역, 『징비록, 지옥의 전쟁 그리고 반성의 기록』, 서애문집, 2003

13. 강상중, 이경덕 역, 『고민하는 힘』, 사계절, 2009

14. 손무, 김원중 역, 『손자병법』, 글항아리, 2011

15. 히로나카 헤이스케, 방승양 역, 『학문의 즐거움』, 김영사, 2008

16. 이민규, 『끌리는 사람은 1%가 다르다』, 더난출판, 2009

17. 김병완, 『40대 다시 한 번 공부에 미쳐라』, 함께북스, 2012

18. 김정운, 『노는 만큼 성공한다』, 21세기북스, 2011

19. 스티븐 코비, 김경섭 역, 『성공하는 사람들의 7가지 습관』, 김영사, 2003

20. 김정운, 『남자의 물건』, 21세기북스, 2012

21. 주희, 김미영 역, 『대학·중용』, 홍익출판사, 2015

22. 존 스튜어트밀, 최명관 역, 『존 스튜어트 밀 자서전』, 창, 2010

23. 신채호, 박기봉 역, 『조선상고사』, 비봉출판사, 2006

24. 허연, 『고전탐닉』, 마음산책, 2011

25. 랜달 D.하트, 황병규 역, 『흔들리지 않는 고전교육의 뿌리를 찾아서』, 꿈을 이루는 사람들, 2007

26. 이중환, 허경진 역, 『택리지』, 서해문집, 2007

27. 이덕일, 『조선왕을 말하다 1, 2』, 역사의 아침, 2010

28. 박기현, 『조선의 킹메이커』, 역사의 아침, 2008

29. 김인숙, 『소현』, 자음과 모음, 2010

30. 김삼웅, 『책벌레들의 동서고금 종횡무진』, 시대의 창, 2008

31. 이수광, 『공부에 미친 16인의 조선 선비들』, 해냄, 2012

32. 이지성, 황광우, 『고전혁명』, 생각정원, 2012

33. 김종대, 『이순신 신은 이미 준비를 마치었나이다』, 시루, 2016

34. 장성민, 『전쟁과 평화』, 김영사, 2009

35. 오마에 겐이치, 홍성민 역, 『난문쾌답』, 흐름출판, 2012

36. 다카하라 게이치로, 양준호 역, 『현장이 답이다』, 서돌, 2007

37. 정약용, 박석무 역, 『유배지에서 보낸 편지』, 창비, 2009

38. 신용우, 『환단고기를 찾아서 1 : 고조선과 대마도의 진실』, 작가와비평, 2012

39. 프레드 캐플런, 허진 역, 『링컨』, 열림원, 2010

40. 장 코르미에, 김미선 역, 『체 게바라 평전』, 실천문학사, 2005

41. 니코스 카잔차키스, 이윤기 역, 『그리스인 조르바』, 열린책들, 2009

42. 이순신, 노승석 역, 『난중일기』, 민음사, 2010

43. 김태훈, 『이순신의 두 얼굴』, 창해, 2004

44. 이덕일, 『난세의 혁신리더 유성룡』, 역사의 아침, 2012

45. 이덕일, 『정조와 철인정치의 시대 1, 2』, 고즈윈, 2008

46. 정약용,『정선 목민심서』, 창비, 2005

47. 박제가, 박정주 역,『북학의』, 서해문집, 2003

48. 안소영,『책만 보는 바보 : 이덕무와 그의 벗들 이야기』, 보림, 2005

49. 이덕일,『근대를 말하다』, 역사의 아침, 2012

50. 이덕일,『이회영과 젊은 그들』, 역사의 아침, 2009

51. 박경철,『시골의사 박경철의 자기혁명』, 리더스북, 2011

52. 김수영,『새벽에 홀로 깨어 : 최치원 선집』, 돌베게, 2008

53. 황광우,『철학하라』, 생각정원, 2012

54. 이권우,『죽도록 책만 읽는』, 연암서가, 2009

55. 김정운,『에디톨로지』, 21세기북스』2014

56. 벤자민 프랭클린, 주영일 역,『프랭클린 자서전』, 동서문화사, 2012

57. 이중,『저우언라이, 오늘의 중국을 이끄는 힘』, 역사의 아침, 2012

58. 최준영,『최준영의 책고집』, 답, 2015

59. 황현, 허경진 역,『매천야록』, 서해문집, 2006

60. 이덕일,『한국사 그들이 숨긴 진실』, 역사의 아침, 2009

61. 이주한,『노론 300년 권력의 비밀』, 역사의 아침, 2011

62. 이민주,『지금까지 없던 세상』, 쌤앤파커스, 2015

63. 김언호,『책의 공화국에서』, 한길사, 2009

64. 루스 베네딕트, 김윤식 외 1명 역,『국화와 칼』, 을유문화사, 2008

65. 안상헌,『인문학 공부법』, 북포스, 2012

66. 김원중,『한비자의 관계술』, 위즈덤하우스, 2012

67. 재레드 다이아몬드, 김진준 역,『총 균 쇠』, 문화사상사, 2005

68. 나이토우 세이추우, 권오엽, 권정 역,『일본은 독도(竹島)를 이렇게 말한다』, 한국
학술정보, 2011

69. 혜민,『멈추면 비로소 보이는 것들』, 쌤앤파커스, 2015

70. 함석헌,『뜻으로 본 한국역사』, 한길사, 2013

71. 김무곤,『종이책 읽기를 권함』, 더숲, 2011

72. 필립 길버트 해머튼, 박해순 역,『지적 즐거움』, 베이직북스, 2008

73. 정윤희,『행복한 서재』, 출판저널, 2012

74. 마커스 주삭, 정영목 역,『책도둑. 1, 2』, 문학동네, 2015

75. 김언호,『한 권의 책을 위하여』, 한길사, 2012

76. 조진국,『외로움의 온도』, 해냄출판사, 2012

77. 김애리,『책에 미친 청춘』, 미다스북스, 2010

78. 김훈,『칼의 노래』, 문학동네, 2014

79. 마이클 샌델, 이창신 역,『정의란 무엇인가』, 김영사, 2010

80. 빅터 프랭클, 이시형 역,『죽음의 수용소에서』, 청아출판사, 2005

81. 말콤 글래드웰, 노정태 역,『아웃라이어』, 김영사, 2009

82. 허은아,『메라비언 법칙』, 위즈덤하우스, 2012

83. 한영우,『역사를 아는 힘』, 경세원, 2005

84. 조정래,『황홀한 글감옥』, 시사IN북, 2009

85. N.A. 바스베인스, 표정훈 역,『젠틀 매드니스』, 뜨인돌, 2006

86. 김탁환,『천년습작』, 살림, 2009

87. 나탈리 골드버그, 한진영 역,『글쓰며 사는 삶』, 페가수스, 2010

88. 나탈리 골드버그, 권진욱 역,『뼛속까지 내려가서 써라』, 한문화, 2013

89. 서상훈,『독서로 시작했다』, 지상사, 2010

90. 스튜어트 다이아몬드, 김태훈 역,『어떻게 원하는 것을 얻는가』, 8·O(에이트 포인트), 2011

91. 김훈,『남한산성』, 학고재, 2007

92. 로버트 마우어, 장원철 역,『아주 작은 반복의 힘』, 스몰빅라이프, 2016

93. 윌리엄 서머싯 몸, 송무 역,『달과 6펜스』, 민음사, 2000

94. 제롬 데이비드 샐린저, 공경희 역,『호밀밭의 파수꾼』, 민음사, 2001

95. 정민,『다산선생 지식경영법』, 김영사, 2006

96. 김경집, 『책탐』, 나무수, 2009

97. 사이토 다카시, 오근영 역, 『내가 공부하는 이유』, 걷는나무, 2014

98. 김경집, 『인문학은 밥이다』, 알에이치코리아, 2013

99. 알베르토 망구엘, 강주헌 역, 『책 읽는 사람들』, 교보문고, 2012

100. 고영성, 신영준, 『완벽한 공부법』, 로크미디어, 2017

군 전역자를 위한
황연태의 독서 테라피 100권

과거와 현재에서 나의 길 찾기
- 인문학 및 경영서

1. 손자, 유종문 역, 『손자병법』, 아이템북스, 2011
2. 김종대, 『이순신, 신은 이미 준비를 마치었나이다』, 시루, 2016
3. 사마천, 김원중 역, 『사기본기』, 민음사, 2015
4. 정약용, 『목민심서』, 창비, 2005
5. 프리드리히 니체, 시라토리 하루히코 편역, 박재현 역, 『초역 니체의 말』, 삼호미디어, 2010
6. 다치바나 다카시, 이정환 역, 『도쿄대생은 바보가 되었는가』, 청어람미디어, 2002
7. 정민, 『미쳐야 미친다』, 푸른역사, 2004
8. 장영희, 『살아온 기적 살아갈 기적』, 샘터, 2009
9. 정호승, 『내 인생에 힘이 되어준 한마디』, 비채, 2006
10. 구본형, 『낯선 곳에서의 아침』, 을유문화사, 2007
11. 류시화, 『새는 날아가면서 뒤돌아보지 않는다』, 더숲, 2017
12. 김형경, 『천 개의 공감』, 사람풍경, 2012
13. 강신주, 『철학이 필요한 시간』, 사계절출판사, 2011
14. 김훈, 『칼의 노래』, 문학동네, 2012
15. 제임스 알렌, 김윤희·김현희 역, 『나를 바꾸면 모든 것이 변한다』, 이너북, 2015
16. 미겔 데 세르반테스, 박철 역, 『돈키호테』, 시공사, 2015

17. 도마베치 히데토, 김정환 역, 『머릿속 정리의 기술』, 예문, 2015

18. 신영복, 『강의 : 나의 동양고전 독법』, 돌베개, 2004

19. 이시형, 『행복한 독종』, 리더스북, 2012

20. 프란츠 카프카, 이재황 역, 『변신』, 문학동네, 2011

21. 구본형, 『익숙한 것과의 결별』, 을유문화사, 2007

22. E.H. 카, 김택현 역 『역사란 무엇인가』, 까치, 2016

23. 구본형, 『구본형의 더 보스 : 쿨한 동행』, 살림Biz, 2009

24. 시몬느 드 보부아르, 이희영 역, 『제2의 성』, 동서문화사, 2017

25. 호메로스, 김병철 역, 『일리아드(혜원세계문학 32)』, 혜원출판사, 1992

26. 김연수, 『청춘의 문장들』, 마음산책, 2004

27. 신경숙, 『엄마를 부탁해』, 창비, 2008

28. 안광복, 『철학 역사를 만나다』, 웅진지식하우스, 2005

29. 무라카미 하루키, 양윤옥 역, 『IQ84』, 문학동네, 2010

30. 쿠로사와 마사츠구, 김선민 역, 『샐러던트의 아침 혁명』, 흥신, 2004

31. 법륜, 『인생수업』, 휴, 2013

32. 조지 오웰, 정회성 역, 『1984』, 민음사, 2007

33. 나쓰메 소세키, 오유리 역, 『마음』, 문예출판사, 2002

34. 백석, 송준 엮음, 『백석 시 전집』, 흰당나귀, 2012

35. 사람으로읽는한국사기획위원회, 『보수주의자의 삶과 죽음』, 동녘, 2010

36. 고니시 도시유키, 이혜령 역, 『생각의 생각을 만드는 메모의 기적』, 21세기북스, 2016

37. 찰스 디킨스, 왕은철 역, 『위대한 유산』, 푸른숲, 2006

38. 정지용, 이상숙 엮음, 『정지용 시선』, 지식을만드는지식, 2013

39. 공병호, 『공병호의 우문현답』, 해냄, 2010

40. 조영태, 『정해진 미래』, 북스톤, 2016

전역자가 알아야 할 현실감각과 심리학 테라피
- 사회, 심리, 자기계발

41. 로버트 치알디니, 황혜숙 역, 『설득의 심리학』, 21세기북스, 2013

42. 니콜로 마키아벨리, 강정인 역, 『군주론』, 까치, 1994

43. 스티븐 레빗·스티븐 더브너, 안진환 역, 『괴짜 경제학』, 웅진지식하우스, 2007

44. 이민규, 『끌리는 사람은 1%가 다르다』, 더난출판사, 2005

45. 크리스 쉴링, 임인숙 역, 『몸의 사회학』, 나남, 2011

46. 스티븐 존슨, 윤명지·김영상 역, 『바보상자의 역습』, 비즈앤비즈, 2006

47. 나카지마 가오루, 한고운 역, 『바꾸고, 버리고, 시작하라』, 전나무숲, 2015

48. 로렌 슬레이터, 조증열 역, 『스키너의 심리상자 열기』, 에코의서재, 2005

49. 월터 아이작슨, 안진환 역, 『스티브 잡스』, 민음사, 2015

50. 강준만, 『대중문화의 겉과 속』, 인물과사상사, 2013

51. 헬레나 노르베리 호지, 양희승 역, 『오래된 미래』, 중앙북스, 2015

52. 장 지글러, 유영미 역, 『왜 세계의 절반은 굶주리는가』, 갈라파고스, 2016

53. 팀 하포드, 이진원 역, 『경제학 콘서트』, 웅진지식하우스, 2008

54. 빅터 프랭클린, 이시형 역, 『죽음의 수용소에서』, 청아출판사, 2012

55. 조지 레이코프, 유나영 역, 『코끼리는 생각하지 마』, 삼인, 2006

56. 한병철, 김태환 역, 『피로사회』, 문학과지성사, 2012

57. 이무석, 『30년만의 휴식』, 비전과리더십, 2006

58. 존 브록만, 이영기 역, 『위험한 생각들』, 갤리온, 2007

59. 니콜라스 카, 최지향 역, 『생각하지 않는 사람들』, 청림출판, 2015

60. 에릭 홉스봄, 정도영 외 역, 『혁명의 시대』, 한길사, 1998

61. 조영태, 『정해진 미래』, 북스톤, 2016

62. 지그문트 바우만, 홍지수 역, 『방황하는 개인들의 사회』, 봄아필, 2013

63. 윤태호, 박치문 기보 해석, 『미생』, 위즈덤하우스, 2016

64. 이민규,『끌리는 사람은 1%가 다르다』, 더난출판사, 2005

65. 혼다 켄, 홍찬선 역,『돈과 인생의 비밀』, 더난출판사, 2005

66. 권혁기,『위기의 인생 2막 : 1인 기업이 희망이다』, 더북스, 2007

67. 이지성,『꿈꾸는 다락방』, 국일미디어, 2007

막연한 운명론을 벗어난 과학적 사고방식을 위한 책 처방
- 과학 분야

68. 정재승,『정재승의 과학 콘서트』, 어크로스, 2011

69. EBS 문명과 수학 제작팀, EBS MEDIA 기획,『문명과 수학』, 민음인, 2014

70. 아툴 가완디, 김미화 역,『나는 고백한다, 현대의학을』, 동녘사이언스, 2003

71. 최재천,『다윈지능』, 사이언스북스, 2012

72. A.L. 바라바시, 강병남 외 역,『링크(21세기를 지배하는 네트워크 과학)』, 동아시아, 2002

73. 전중환,『오래된 연장통』, 사이언스북스, 2014

74. 리처드 도킨스, 홍영남·이상임 역,『이기적 유전자』, 을유문화사, 2010

75. 제임스 왓슨, 최돈찬 역,『이중나선』, 궁리, 2006

76. 도나 디켄슨, 이근애 역,『인체 쇼핑』, 소담출판사, 2012

77. 존 라이언, 고문영 역,『녹색시민 구보씨의 하루』, 그물코, 2012

78. 홍성욱,『파놉티콘 : 정보사회 정보감옥』, 책세상, 2002

79. 이은희,『하리하라의 과학고전 카페 1, 2』, 글항아리, 2014

80. 제임스 글릭, 박래선 역,『카오스』, 동아시아, 2013

81. 이석영,『모든 사람을 위한 빅뱅우주론 강의』, 사이언스북스, 2017

82. 맹한승,『나를 위한 습관』, 이너북, 2016

83. 나탈리 앤지어, 김소정 역,『원더풀 사이언스』, 지호, 2010

84. 데이비드 크리스천·밥 베인, 조지형 역, 『빅 히스토리』, 해나무, 2013

85. 장미셸 코르티·에두아르 키에를릭, 안수연 역, 『물리로 이루어진 세상』, 에코리브르, 2008

86. 에르빈 슈뢰딩거, 전대호 역, 『생명이란 무엇인가』, 궁리, 2007

87. 칼 세이건, 홍승수 역, 『코스모스』, 사이언스북스, 2004

인생을 여유 있게 만들기 위한 책 처방
- 예술 및 기타

88. 조숙경, 『잡스가 워즈워드의 시를 읽는 이유는』, 미래를소유한사람들, 2013

89. 정현수, 『명언 속 명언』, 조갑제닷컴, 2014

90. 오주석, 『오주석의 한국의 미 특강』, 솔, 2003

91. 진중권, 『미학 오디세이』, 휴머니스트, 2014

92. 유재원, 『영화로 읽는 신화, 신화로 읽는 영화』, 까치, 2005

93. 나카타니 아키히로, 이선희 역, 『인생의 전환점에 하지 않으면 안될 50가지』, 바움, 2007

94. 정호승, 『포옹』, 창비시선, 2007

95. 장현갑, 『명상에 답이 있다, 뇌를 움직이는 마음의 비밀』, 담앤북스, 2013

96. 이현석, 『여행자의 인문학 노트』, 한티재, 2013

97. 유홍준, 『나의 문화유산 답사기. 1 : 규슈』, 창비, 2013

98. 박웅현, 『인문학으로 광고하다』, 알마, 2009

99. 이주헌, 『지식의 미술관』, 아트북스, 2009

100. 나카가와 유스케, 박시진 역, 『상식으로 꼭 알아야 할 클래식』, 삼양미디어, 2009

에필로그

End인가, And인가?

"길이 끝나는 곳에서도 길이 되는 사람이 있다."

내가 좋아하는 정호승 선생님의 시 '봄길'의 일부분이다.

길이 끝나는 곳에서 길이 생기면 얼마나 좋을지, 길이 끝나는 곳에서 길이 되는 사람이 될 수 있다면 얼마나 유익할지 종종 혼자서 생각해 본다.

'나'는 전역할 당시만 해도 얼마나 막막했는지 모른다. 주변에 누군가 조언을 해 줄 사람이 한 명도 없었기에 눈앞이 캄캄하고 모든 것이 암담하기만 했다.

지금까지의 핵심 내용은 전역 군인 중 한 명인 '나'의 이야기이다. '나'가 어떻게 사회에 적응하면서 정착을 했고, 그렇게 정착하기까지 어떤 생각을 했으며, 변화의 계기가 되었던 것이 어떤 것들이었는지에 대한 설명이다.

　이렇게 치열한 경쟁 사회 속에서 살아남은 나에 대한 자랑이라기보다는, 수많은 전역 군인들이 세상을 살아갈 수 있도록 길잡이로서 조언한 것이라고 하는 게 더 정확하다고 하겠다. 책의 내용은 오래전에 구상한 것이지만 사실 그때는 이런 이야기를 하기에 자신이 없었다. 내가 입증하지도 않고 책을 써 본다는 것은 무리였기 때문이다. 그래서 몇 년간은 나 스스로 입증하기로 마음먹었고, 그렇게 현실로 입증해 냈다. 전역자도 훌륭하게 사회에 적응하고 생존할 수 있다고 말이다.
　나의 생각은 결코 공허한 외침이 아니란 점을 스스로 입증하고 나서 용기가 생겼다. 내가 지금 알고 있는 지식과 경험은 누군가에게는 절실하게 알고 싶었던 내용일 수도 있겠다는 확신이 이 책의 시작이 되었다.

　이 책에는 십수 년간 겪었던 '나'의 시행착오와 경험이 녹아 있다. 이 책의 첫 독자는 '나'이기도 하다. '나'의 생각을 정리해 보니, 아쉬운 것도 있었지만 나의 생각을 글로 정리한다는 것이 생각만큼 쉽지 않은 작업이었다. 바쁜 시간에 글도 정리해야 해서 살도 많이 빠졌다. 내 인생은 항상 뜻밖의 여정이었는데 그럴 때마다 버텨 주고 함께 응원해 준 가족은 지금도 내가 버틸 수 있게 해 주는 힘이다.

'나'는 뛰어난 사람도 아니고, 그렇다고 특출 난 위인도 아니다. 내가 존경하는 이순신 장군도, 『손자병법』의 저자 손무도 모두 만난 적이 없는 옛사람들이지만 책으로 만났다. 망치로 사정없이 나의 무뎌진 생각을 일깨워 준 니체도, 얼마 전 타계한 변화 경영의 선구자 고 구본형 작가님도 모두 책으로 만났다. 평범한 '나'는 이전과는 다른 사람이 되었고, 지금도 더디지만 조금씩 변화하고 있다(적어도 그렇게 믿고 있다).

'나'의 이 책이 누군가에게 올바른 방향타가 될 수도 있다는 생각에 뿌듯함을 느낀다. 더욱이 이 책으로 많은 전역 군인들에게 도움을 줄 수 있을 것이라는 생각을 하면 보람을 느낀다. 누군가에게 이 책이 인생의 등불이 되어 주고, 경종이 되어 준다면 나는 한없이 기쁠 것이다.

이 책에는 공부 이야기, 책 이야기가 많이 나온다. 돈 벌기도 바쁜데, 책이 무슨 말이며 무슨 공부냐는 말도 듣는다. 공부한다고 당장 돈이 나오는 것도, 직업을 발견하는 것도 아니기 때문이다. 그런데 역설적으로 공부만이 돈 버는 지름길이고, 새로운 진로를 개척하는 가장 빠른 길이다. 물론 인맥과 연줄로 돈 버는 지름길을 발견할 수도 있고, 새로운 진로를 개척할 수도 있다. 하지만 인맥도, 연줄도, 재산도 없는 나 같은 흙수저에게는 맨몸으로 부딪치는 방법 외에 별다른 수가 없었다. 그래서 가장 빠른 길이 공부였고, 책이었다. 나 역시 이거다 싶어 시도했다가 실패한 것이 부지기

수다. 자격증과 학위를 새로 취득하면서도 내 나이에 이게 과연 무슨 소용인가 하는 절망감이 들어 하늘과 먼 산을 하염없이 바라보곤 했다.

그런데 변화는 순식간에 오는 게 아니었다. 임계점을 돌파하면 그다음의 지경이 열리고, 또 다른 세계가 열리고. 그렇게 계단식으로 천천히 오는 것이었다. 그렇게 조금씩 변화하다 보니 어느덧 10년 전과 다른 내가 되어 있었고, 군복을 벗고 전혀 다른 길을 걷고 있는 나를 발견하였다.

부끄럽기도 하고 첫 책이라 미숙해서 그런지 아무리 고치고 고쳐도 어색해 보이기만 한다. 전역 후 1년 만에 머릿속에만 맴돌던 생각을 글로 표현하다 보니 무척이나 힘들었으나, 시행착오 끝에 이렇게 책이 나온 이상 그 기쁨은 말로 표현할 수 없다. 본인은 유명한 작가도, 전문적인 출판인도 아니다. 그저 책과 공부로 평범함에서 비범함으로 나아가고자 노력했을 뿐이다. 그러기 위해 읽었던 여러 책의 도움을 받다 보니 본의 아니게 이 책에서 표현이나 표기상의 실수를 했을 수 있다. 그렇더라도 모두 본인의 부족함 때문이므로 너그러운 양해를 간곡히 부탁드린다.

독자들이라면 내게 많이 물어보았으면 좋겠다. 반드시 답변을 드리겠다. 그리고 내가 찍어낸 발자국이 누군가에게는 이정표가 되길 희망한다. 이 책과 내가 길이 끝나는 곳(End)에서 누군가의 '길'

이 되었으면 좋겠다. 강의와 강연, 책, 이메일, 어떤 방법으로든 저자와의 소통은 열려 있다.

인생은 굽이굽이 곡선이다. 결코 직선 코스가 아니다. 결국 곡선으로 직선을 그리는 것이 인생인 것 같다. 모든 게 끝(End)이라고 생각될 때, 새로운 길(And)이 열린다는 사실을 독자들과 함께 나누고 싶다.

마지막으로 이 책을 집필하는 데 도움을 주신 모든 분들, 아낌없는 응원과 격려를 해준 나의 사랑하는 가족에게 감사를 드린다.

전역 후 1년이 되는 시점 즈음
'End'가 아닌, 'And'의 삶을 위하여
저자 황연태

참고 문헌 및
자료출처

[서적]

1. 프리드리히 니체, 시라토리 하루히코 역,『초역 니체의 말』, 삼호미디어, 2010

2. 손자, 김광수 역,『손자병법(밀리터리 클래식 1)』, 책세상, 1999

3. 윤태호,『미생』, 위즈덤하우스, 2016

4. 발타자르 그라시안, 김경민 역,『미래를 내다볼 수 있는 지혜』, 신라출판사, 2006

5. 김용학,『생각, 엮고 허물고 뒤집어라』, 21세기북스, 2011

6. 헨리 데이비드 소로, 강승영 역,『월든』, 은행나무, 2011

7. 이시형,『공부하는 독종이 살아남는다』, 중앙북스, 2009

8. 하워드 가드너 저, 문용린 동역,『다중지능』, 웅진지식하우스, 2013

9. 구본형,『익숙한 것과의 결별』, 을유문화사, 2007

10. 강상중, 이경덕 역,『고민하는 힘』, 사계절, 2009

11. 빅터 프랭클린, 이시형 역,『죽음의 수용소에서』, 청아출판사, 2005

12. 장문정,『팔지 마라 사게 하라』, 쌤앤파커스, 2013

13. 헨리에트 앤 클라우저, 안기순 역,『종이 위의 기적 쓰면 이루어진다』, 한언, 2016

14. 랜디 게이지, 신예용 역,『공짜 치즈는 쥐덫에만 있다』, 사공, 2013

15. 이민규,『실행이 답이다』, 더난 출판사, 2011

16. 짐 콜린스, 이무열 역,『좋은 기업을 넘어 위대한 기업으로』, 김영사, 2002

[전문자료]

1. 육군본부, 2012년 전역 군인 취업 지원 정책 토론회 자료, 2012

2. 육군본부, '전역 군인 삶의 실태 조사 결과', 육군본부, 2005.

3. 통계청, '2017년 2월 고용 동향', 2017

4. 최병현, '가치 경쟁 시대의 성공 포인트', LG 경제연구원, LG 주간경제 7, 2007

5. 김은묵, '전역 직업군인의 재취업 결정요인과 유형에 관한 연구-장기 복무 전역 취업군인을 중심으로', 한국군사회복지학, 2010-3-1

[인터넷 사이트]

1. 디시인사이드 www.dcinside.com

2. KOSIS 국가통계포털 kosis.kr

3. 통계청, '사망 원인 통계' 각 연도

   https://kostat.go.kr/portal/korea/kor_nw/2/6/2/index.board?bmode=read&aSeq=356345

[뉴스 자료]

1. "군(軍) 병과 NCS와 연계 직무표준화 작업 추진 필요"…군 복무중 자격증 취득 여건 보장

   www.cnbnews.com/news/article.html?no=329394

2. 잡코리아 취업뉴스(2016-07-15)

   https://m.jobkorea.co.kr/GoodJob/News/View?News_No=10676&schCtgr=100002&page=1

3. [김범주의 친절한 경제] 다단계로 돈 버는 사람은?…80%는 수당 '0'

   http://news.sbs.co.kr/news/endPage.do?news_id=N1003681246

4. 퇴직 군인 취업난 "장교·간부 출신 자부심 버렸습니다"

   news.chosun.com/misaeng/site/data/html_dir/2016/12/01 /2016120100833.html

5. 지난해 5억 원 이상 벌어들인 유튜버 5명

http://www.news2day.co.kr/n_news/news/view.html?no=88855

6. 지식센터·서비스드 오피스 '임대시장 춘추전국'

http://news.mk.co.kr/newsRead.php?year=2016&no=62808

7. '모닥치기' 팔던 제주 분식점, 하루아침에 날벼락 맞은 사연

http://www.jejusori.net/?mod=news&act=articleView&idxno=189810&
sc_code=&page=&total=

8. IT계 20년 몸담았던 50대 男, 1억 투자해 참치집 열더니 1년만에 월매출 3천

http://news.mk.co.kr/newsReadPrint.php?year=2012&no=469045

9. '장사로 먹고살기 힘드네' 자영업자 3명 중 1명만 생존

http://www.yonhapnews.co.kr/bulletin/2016/12/31/0200000000A
KR20161231010051002.HTML

10. [동업의 재발견] 동업 때 지켜야 할 5대 철칙

http://biz.chosun.com/site/data/html_dir/2017/02/21/2017022100026.
html#csidxe1e54232903a89ebf69db63d1961e4e

11. 돈 빌리고 빌려주는 원칙 11가지 이건희의 행복투자

http://news.mt.co.kr/mtview.php?no=2010062516138147858&vgb=col
umn&code=wealth